PIAGET

封面：高级珠宝手镯表，1970年；Possession系列，指环，2006年；
Piaget Altiplano系列，超薄腕表，2010年

PIAGET

PIAGET

伯爵，钟表和珠宝王朝

始于1874年

文字

FLORENCE MÜLLER

摄影

PHILIPPE GARCIA

STEVE HIETT

上海科学技术文献出版社

Shanghai Scientific and Technological Literature Press

前言

伊夫・伯爵

作为伯爵品牌创始者的后人，我深知往昔对于当下的影响。我青年时期所受的教育以及兄长们对我的教导对我影响颇深。我一直谨记他们传授给我的核心价值理念，这不仅是一个坚实的基石，更是不断前进的动力。能和大家分享这一理念，继续传承伯爵精神，我感到非常荣幸。这种精神贯穿了伯爵140年的辉煌历史，传达着至臻至美的敬业精神、坚定持久的进取心以及大胆的想象力。

本书旨在对往昔岁月致敬。它以独特视角展现由我的曾祖父所开创的事业，并按年代顺序讲述品牌历程，带领读者走进品牌的风格与工艺世界。本书抚今追昔，不同人物的叙述令内容更为丰厚。设计师、工程师与手工艺者们，不断传承着曾不断引领我的先人开拓进取的极致理念，并经由伯爵的作品将之传达给世人。本书开篇，伯爵现任全球行政总裁麦振杰（Philippe Léopold-Metzger）先生展示了品牌非凡的历史传承——它精益求精的企业文化，以及对于手工艺的推崇。指引我的家族不断前进的精神如今在伯爵依然代代相传，这让我感到无比欣慰。伯爵从一间制表工坊起步，不仅在当下，在未来也将永远与专业制表技艺密不可分，并在这个舞台上继往开来。

伊夫・伯爵

左图：
伊夫・伯爵在
威尼斯钟楼内，
1997年

目录

PIAGET

引言

FLORENCE MÜLLER

伯爵是极致卓越的象征。正是在这种卓越精神的引领下，一个掩映在瑞士汝拉山脉间偏远村落的制表工坊羽化升华，嬗变为如今举世闻名的钟表与珠宝品牌。140年来，品牌始终遵循“永远做得比要求的更好”这句格言，沉着应对一个又一个挑战。正如纳沙泰尔地区的大部分农人一样，伯爵家族最初也从事机芯组件制作，他们使伯爵之名成为高端与精准的象征，闪耀于全球最繁华的街道，驰名之远遥遥超越了它所诞生的小村庄。伯爵人选择了一份崇高的事业，忠于严苛和始终如一的理念，以全面融合的制造技术为后盾，创造出精致珍贵的作品。他们对于品质永不妥协，致力于将严谨的设计理念与华丽的造型完美结合以展现优雅，挑战技术极限的同时被胸怀、好奇心、艺术、文化所激励以创造珍品。

伯爵的历史，也是钟表和珠宝这两大世界相互交融的历史。两大领域完美结合为一体，伯爵重新构思，将钟表与黄金和色彩斑斓的宝石以你所能想象到的各种形式结合到一起。无穷想象力以精湛工艺为依托，将一个又一个精妙灵感化为令人惊艳的真实佳作。品牌在追求纤薄机芯的道路上不断开拓，用不拘一格的造型诠释独特风格，打造出奢华瑰丽的珠宝时计。伯爵熟捻超薄制表技艺，辅以对珍贵材质的精制工艺，由此缔造了独树一帜的伯爵风格。

左图：
Piaget Altiplano
超薄镂空镶钻自动上链腕表，2013年

引言

从最初的制表工坊到今日的全球知名钟表与珠宝品牌，本书将向读者呈现品牌漫长的发展历程。品牌历史的发掘，离不开多位股肱之臣的无私分享——他们都是品牌历史中举足轻重的人物，其证言为本书提供了珍贵素材。尤其要感谢伊夫·伯爵先生，极具声望的品牌传人；还有伯爵现任全球行政总裁麦振杰先生，他肩负着品牌的发展重任，也影响着众多设计师与工匠的命运——正是这些人让罕有的珍贵工艺生生不息。钟表领域知名专家Aurel Bacs也在本书中发表自己的看法，阐述了伯爵在风尚史上占据的重要地位。与此同时，伯爵品牌历史研究团队不仅对伯爵的档案资料和作品系列进行了深入探索，还收集到众多历史旁证，为本书的编撰提供坚实的基础。书中，摄影师Philippe Garcia凭借精湛的摄影技术和构图能力，将雕塑、典藏珍品和当代作品的造型与材质定格于镜头之下，展现出品牌的至臻理念和无限创意。最后，Steve Hiett则凭借艺术家的独到视角，用极富英伦风情的影像风格，诠释出优雅而迷人的“伯爵社交圈”。色彩浓郁的图片在书页内间或闪现，仿佛电影场景一般，讲述一段段故事。

这些照片在瑞士仙子坡和日内瓦湖畔拍摄，这两个地标在品牌历史上均有着特殊意义。在Steve Hiett眼中，摄影是一种“……重塑想象的过程”，他预先设想出一幅幅场景，钟表和珠宝则是绝对主角。一路跋涉，品牌留下无数珍贵足迹。回首往昔，伯爵可以骄傲地审视自己所走过的道路。本书不仅集结数百件来自钟表和珠宝领域的历史典藏及当代杰作，还收纳众多被珍藏的历史资料，传递着品牌追求极致的愿景。这个愿景今天依然激励着伯爵，也串联起了品牌的整个历史——在这段传奇中，所有付出只为美梦成真。

右图：
Limelight
高级珠宝项链，
2012年

PIAGET
TOUJOURS FAIRE MIEUX QUE NECESSAIRE
LA COTE-AUX-FEES

风格独特的典雅气质

PIAGET
SWISS MADE
PIAGET
SWISS MADE

从瑞士汝拉（Jura）的群山到日内瓦近郊，一百四十多年来，伯爵（Piaget）在珠宝腕表的世界中始终闪烁着耀眼的光芒。在弗洛伦斯·穆勒（Florence Müller）的采访中，从1999年起担任全球行政总裁的麦振杰（Philippe Léopold-Metzger）将伯爵动人的历史娓娓道来。

您掌舵伯爵以后，重新定位了这个已相当强盛的品牌。请问伯爵成功背后的基石是什么？

伯爵在各方面都一直是业内先驱。我发现这个在瑞士汝拉地区小村庄的伯爵家族有着令人惊叹的创造力，他们成功地让自己的作品成为了品牌的巨星。我秉承了这一原则，并使之发扬光大。我非常荣幸地掌舵伯爵，执掌这个完好保留了一体化整合型珠宝腕表生产工艺的品牌。现在我们是极少数能够确保生产的所有流程都是在企业内部独立完成的品牌之一。

我们有自己的研发团队——才华横溢的艺术家、创意非凡的设计师和工匠，他们所展现的技艺之高，远远超越了制表技术本身。他们中的每一个人，从机芯设计师到客服人员，都被满腔热情所驱策，不断超越自我，为一个共同的目标竭尽所能。举例来说，我们的设计师年龄跨度极大，有25岁的新人，也有已超过退休年龄的资深大师。他们合作无间，愉快地相互交流。在这里，工作职能或者年龄都不是问题，重要的是我们拥有共同的目标。伯爵像是一个没有阶级之分的融洽的大家庭。今天，我们最引以为傲的成就，是永远把对作品的不断创新以及对所拥有工艺技术的完美整合列在首位。

前页：
Piaget Emperador
帝王枕形自动上链超薄三问表，2013年

左图：
Limelight Twice
双面造型珠宝腕表，2009年

当其他品牌已经抛弃了自己的技师，生产也采用外包的方式的时候，您为什么选择了与他们截然相反的道路？

目前高水准的技师和工匠都非常难得，因为只有对于创新和工艺的持续投入，才能使作品不断推陈出新而且与众不同。20世纪60年代，伯爵家族曾收购多家珠宝制作工坊，令伯爵创立之初就建立的制表工坊臻于完整。伯爵的第二代及第三代传人所主张的这一策略，对于伯爵极具标志性的品牌风格起到了决定性的作用，并促成了黄金在伯爵作品中的大量运用。

能否谈谈伯爵的特质？

伯爵以坚持自己的理念为本，它的最重要的理念之一就是对专业度的追求。企业在1874年草创之时，首先是作为机芯制造商，而后才建立了属于自己的品牌。因而手工艺对我们而言至关重要，从一开始就深深铭刻在品牌基因中，同样对完美的追求在企业的格言中也得以体现："永远做得比要求的更好"。超群技艺及极致要求这两大特点使得伯爵独树一帜，自成风范。技术的整合使得品牌与众不同。即使在市场由厚重的腕表主导时，伯爵仍不断于超薄型腕表的研发上持续努力。不管是低调或是大胆的款式，我们都追求一种完美的优雅。这就是我们为何能坚持并发扬所长——这也是定义伯爵品牌的基石。

伯爵的风格有时优雅纯粹，有时又大胆前卫，伯爵是如何把这两个看似对立的特点完美地融合在一起的？

伯爵致力于追求优雅风范，在不同的展现形式中，一直不变的是极度的精致。这在第一批带有伯爵品牌印记的腕表诞生之时就得以体现：自然含蓄而又个性奔放，同时兼具男性及女性气质。在1962年伯爵作品的宣传册中是这样向公众介绍其作品的：

> "自创始之初，伯爵的制表大师们就是全球超薄腕表制作领域的顶尖专家。他们设计的超薄腕表不仅款式浩繁，而且美妙得无与伦比。表壳设计有些简约经典，另一些则创意非凡，后者一如它们充满奇思妙想的表盘……毋论如何，伯爵所有表款均由18K金或是铂金制成，绝无例外。"

右图：
Piaget Altiplano
超薄镂空自动上链腕表，
2013年

PIAGET

PIAGET

今天，我依然可以套用这段话。譬如，Altiplano系列超薄腕表集简约纯粹、经典优雅、沉稳内敛于一体，是“极度低调”的象征。另外一方面，我们的珠宝工匠无拘无束地大量使用钻石、黄金，以及工时来实现大胆的创作，完全承袭了一贯的原则。

“伯爵还为女性顾客奉上一系列传统日装与晚装腕表。“传统”其实并非一个贴切的词汇，因为在伯爵设计师的眼中，传统从来不是他们所费心的要素。更精确地说他们是常规，其中绝大多数将表冠隐藏在背面。而更为奢华的表款，表面点缀着美仑美奂的金饰或珍贵宝石，您根本想象不到，在如此别出心裁的华盖之下，还隐藏着精巧的表盘。这些作品也是伯爵顶级珠宝艺术的最佳体现。它们身披钻石、蓝宝石、红宝石和祖母绿织成的华裳，向您展示‘高级定制’珠宝的雍容风范。”

伯爵精于珠宝腕表制作，创造它们的意义何在？

当你佩戴一枚珠宝腕表时，每时每刻都是惊喜——读取时间也成为一种纯粹的乐趣。它的设计和制作过程，也是趣味所在。我们很幸运，能够把这份感受与追求美的人们分享。我们对所能达到的成就和高度不设任何限制。同时，我们特别重视佩戴时的感受，因此，无论是何种作品，我们都会确保它舒适易戴。珠宝腕表的设计特色可能是全新面貌，也或许是脱胎于昔日的设计元素。Limelight Gala腕表便是最佳明证。它匠心独具、经典隽永——它是伯爵式优雅风范的完美演绎。

左图：
Limelight
高级珠宝神秘腕表，
2009年

PIAGE

PIAGET
SWISS MADE

追求纤薄是否也是伯爵的象征？

纤薄是伯爵制造的一大标志。对“超薄”的追求早在伯爵还是一家机芯工坊的时候就有所体现——当伯爵开始生产自有品牌的腕表后，这一进程更是迎来了巨大飞跃。“超薄”这一特质令伯爵从其他品牌中脱颖而出，伯爵将这一特色发挥到极致，获得了举世瞩目的成就。1957年问世的9P机芯，厚度仅为2毫米。短短三年后，12P机芯问世，它是当时最纤薄的自动上链机械机芯。12P是传奇机芯9P的后继者，它颠覆了那个时代的制表业，释放了超薄机芯的潜能，为伯爵赢得了遍及表坛的声誉。“超薄”这一概念，自此成为品牌的DNA；今天，它更是我们研发探索的战略核心。近几年来，我们不断探索各种创新方案，以一枚枚革新表款一次次打破全新的“纤薄”纪录，巩固伯爵在超薄机芯领域的王者地位。

最让您引以为傲的纪录是什么？

想要取得创新，我们需要跳脱事物的惯性，采用超然的态度来审视万物。时至今日，腕表本质上包括两个部分：由机芯以及包覆其上的“外壳”组成——所有的腕表都以这样的组合方式被构思出来。对于伯爵这样一个娴熟掌握机芯制造工艺，又拥有超强锻造金质外壳能力的品牌来说，我们有绝佳的潜质将两者融为一体。说实话最令我自豪的表款要数Altiplano 900P超薄腕表，从命名上就可看出它是一款向传奇机芯9P致敬之作。这款腕表厚度仅3.65毫米，创造了超薄腕表领域的全新纪录。除了纤薄，我更欣赏它大胆的设计理念。这款腕表是品牌钟表和珠宝工艺技术的完美体现：表壳和机芯两者合二为一，浑然天成。这款杰作不仅是伯爵的象征，更为品牌历史写下辉煌一页。伯爵在复杂功能的领域同样追求着无尽纤薄。优雅始终是伯爵的黄金准则，比例上的平衡是绝对必要的。无论机械机制复杂与否，一枚腕表总有一定的体量。这是我们面对的巨大考验。我们的工程师和制表大师通力合作，不断挑战各种主要复杂功能的极限，掌控小至微米的容差；他们挑战所有零件的纤薄极限，创造出世上最纤薄却耐用的腕表。这股技术力量支持伯爵创造出一系列惊世之作：自2003年起，伯爵已经推出了Emperador三问、浮动陀飞轮、自动上链陀飞轮、万年历、计时码表等等复杂功能腕表。伯爵制表工坊以品牌精神为传统高级制表领域注入新血，这是伯爵作品研发能力从未望人项背的力证。我们不仅征服了超薄制表领域，也树立了别具一格的标志性风格，腕表兼具舒适的佩戴感与至高的美学享受。在目所能及之处，透过表盘或者底盖观察机芯，可直接捕捉到复杂功能与简洁设计碰撞时所激发的极致美感。

前页：
Limelight Gala
珠宝腕表，2013年；
Piaget Altiplano
超薄腕表，2002年

右图：
Piaget Emperador
帝王枕形自动上链
超薄三问表，2013年

PIAGET
TOUJOURS FAIRE MIEUX QUE NÉCESSAIRE
LA COTE-AUX-FEES

除了破纪录的荣耀，我们是否可以将Altiplano超薄腕表本身视为钟表设计的一大标志性作品？

伯爵超薄腕表饱经时光洗礼，还要归功于我们在精微制造领域的精湛技艺。在伯爵，强大的技术底蕴成就无尽的创意。我们若将产于1950年代末的伯爵作品拿来与现今的Altiplano超薄腕表相比较，将能清晰地看到两者的传承关联。如今，只有少数品牌才能将血脉中的美学造诣保留如此之久。纤薄轮廓与纯净的表盘相呼应，体现出极简主义的优雅风范。然而简洁的设计对于细节及润饰反而格外苛求，这恰是其冲突所在——要以极简外形包蕴丰富内涵。

黄金始终是贯穿着伯爵历史的主轴，请问其中的原因是？

处理黄金材质一直是伯爵的专长之一。在伯爵眼中，黄金既是一种可以被雕塑的硬料，也是流畅柔软的锦缎。无论如何运用，都要以高超工艺技术为基础。有着珠宝链饰专长的工匠们扮演重要角色。他们使用单股金丝，将其弯曲后切成链环，用不断变化的手势，将其组合、雕刻，锻造成精致的金质链带。在二十世纪末，对于饰链的需求曾一度下滑，我们甚至讨论过是否要在工坊继续保留这一业务。就我个人而言，我觉得这一工艺如果失传着实可惜。我试着将这项古老技艺与伯爵的标志性表款相结合，充分展示金质链带艺术。幸而，我们世界各地的顾客们慧眼识珠，而我们也成功地让这门几近销声匿迹的传统技艺得以留存。这些手艺是我们打造非凡臻品时不可或缺的部分，甚至可以称之为我们的使命。

在伯爵，钟表和珠宝工艺完美共生，且不断对话。从Altiplano自动上链超薄镂空腕表中，你便可一窥二者结合的实例。这款作品的装饰作用与它作为计时工具的实用功能并行不悖，上述两者全部浓缩在2.4毫米的方寸之间。娴熟的技术和对艺术的感受力是完成机芯镂空工序的必备要素，这项工作与珠宝工艺有着异曲同工之处。伯爵通过为机芯镶钻，使两大领域的工艺技术结合更为紧密。正是这项异常细致的工作，成就了不朽的腕表杰作。

左图：
Extremely Piaget
极致伯爵系列高级
珠宝手镯，2014年

伯爵通过创作高级珠宝，让原本仅限于钟表的强项更加丰富。
这其中经历了怎样的过程？

伯爵自创立初始，便明确了品牌的高端定位。在创立伯爵品牌之前，公司就专注于为全球顶级腕表品牌提供组件和机芯，所以伯爵做出发展顶级钟表品牌的决定并不令人意外。但不得不说，在廉价腕表市场强势压境的背景下，这是一个很大胆的决定。伯爵给男性客户的腕表以优雅著称，为女性则准备了绝美的全钻腕表。想要照顾好我们这些金字塔顶端的客户，强大的珠宝工艺必不可少。1957年，品牌决定只使用各类珍贵原材料，从而进一步强化了品牌的市场定位。1959年，伯爵在日内瓦开设第一家专卖店。从珠宝腕表到全套珠宝制作，品牌迈出了重要一步。在1950至1960年代，品牌将主力集中于钟表的新技术开发，如超薄机芯以及由此带来的设计，因此当时的珠宝作品比较保密。机芯更加纤薄，可利用空间相对更大，腕表外部设计的可能性也更多，伯爵从中看到了无穷潜力。第一款以珍稀宝石作为表盘的腕表就此问世。色彩的碰撞带来无限可能。这一理念，品牌在女装腕表中发挥到了极致。1960年代的美学发生了翻天覆地的革命。有趣的是，极度前卫的风格竟然成功地在这个如此忠于传统价值的品牌内生根发芽。这种果敢大胆的创新理念，源自两位品牌第三代传人瓦伦汀（Valentin）和杰拉尔德（Gérald）。今天，为了让这种创新精神永不褪色，我们要求伯爵的设计师打破各种创意桎梏，强化了品牌的设计团队，使他们能倾力打造出丰富多样的原创，独家款式、或是畅销款都一样。在高级珠宝领域，创意更加无拘无束。从这一角度来讲，整合工艺是品牌名副其实的法宝。它能让梦想成真。每位工匠都能通过所掌握的技术，使不可能成为可能。我们不以已有的宝石作为创作基础，而将设计草图视为作品的源泉，以自由创意为重。随后，我们再去寻觅宝石，即使需要跨越整个地球也在所不惜。

伯爵和流行时装之间是否有特别的关联？

高级钟表、高级珠宝和高级定制时装，这三者有很多共通之处。三大工艺都需以精益求精的技术和独特创意为依托。它们的研发过程也非常类似，设计师和工匠之间需不断交流、互动，创作是一项真正的团队工作。不论是腕表还是珠宝，在广大摩登男女眼中它们是造型的一部分，就像服饰一样。我们的工艺领域和时装有着千丝万缕的联系，但更为恒久，非转瞬即逝。伯爵的一大独特之处，便是贴合潮流与艺术趋势，不断与时俱进。柔软、流畅、闪烁柔美光泽，一直都是伯爵的灵感之源。以黄金和宝石来展现垂坠感、触感、动感和舒适感受，是一项真正的挑战……

右图：
Extremely Piaget
极致伯爵系列
高级珠宝项链，
2014年

"灵动"应该是伯爵创作的另一大主题？

Possession指环是诠释"灵动"的最佳代表。一个指环在另一个指环内巧妙旋转，永恒相连，却又相对自由。它不仅是一项名副其实的工艺创举，更是品牌的象征和幸运符，一个可以在指间把玩、在掌中呵护的珍贵宝物。伯爵是一个缔造乐趣的品牌，我们希望摆脱束缚，打造出充满趣味性的作品。伯爵的概念表，展示了超凡的创新品质和工艺技术。神秘魅惑而又珍贵精雅，Twice和Magic Hour腕表都有着逸趣横生的特点。Twice腕表用两张面孔，展现出两个天地。正反两面的区分在它身上不复存在。Magic Hour腕表则能以不同的方式装扮手腕，佩戴者可依照自己的心境更换腕表位置，表盘也会显露不同的表情。

伯爵作品中的趣味元素，是否也体现出品牌对欢庆与愉悦的眷恋？

伯爵钟爱愉悦欢庆 ，这点毋庸置疑。这在作品的个性中体现无遗——它们款式优雅、造型精致，并不时迸发大胆设计。当然这也映照在伯爵璀璨的历史长河中——许多令人难忘的派对上星光熠熠，贵客们相谈甚欢，满溢着愉悦之情。

您如何展望伯爵的未来？

引领品牌从1874年发展至今日的力量，将继续指引我们走向未来。伯爵品牌创始人将亲密无间的家族精神宝藏馈赠给我们，我至今深以为然。它经由人与人的交往而体现，正如我与伯爵第四代传人伊夫·伯爵（Yves Piaget）先生的友谊。以鲜明的风格个性为依托，伯爵品牌将在此基础上不断发展壮大。凭借超凡创意和独特风格，同时延续对优雅和品质的不懈追求，伯爵将持续惊艳这个世界。

左图：
Possession指环，
1993–2010年

后页：
Extremely Piaget
极致伯爵系列
高级珠宝指环，
2014年；
Extremely Piaget
极致伯爵系列
高级珠宝项链，
2014年

始于1874年的
钟表和珠宝王朝

伯爵的发展深受其发源地的影响，凭借独到的企业理念，伯爵的盛名跨越汝拉山脉，享誉四海。

开始钟表制作前的历史

十六世纪，纳沙泰尔郡因纪尧姆·法内尔（Guillaume Farel）的宗教改革而格外引人注目，他的宗教改革理念定义了社会每个阶层社会生活的组织结构，如宗教生活和经济生活，职业生活以及家庭生活。马克思·韦伯（Max Weber）在他的著作*《新教伦理和资本主义精神》（L'Éthique protestante et l'esprit du capitalisme）*中具体阐述道："一个全新的现象就此诞生：人们在承担非宗教类职业责任的同时，会产生一种最高程度且最为纯粹的精神满足感。日常工作也由此不可避免地被赋予一种宗教意义，天职的概念就此诞生。"宗教改革家为工作赋予了新的意义，这极大地促进了汝拉山脉纳沙泰尔地区的钟表业发展。这一理念在随后几个世纪内不断延承，也深深地影响了伯爵的企业精神。

一个村落和一个家族：仙子坡（La Côte-aux-Fées）与伯爵家族

根据"Piaget"这个姓氏，人们推断伯爵的家族成员最初应从事通行税征税官（"péager"一词意即通行税征税官）一职，家族姓氏由此而来。自十四世纪起，纳沙泰尔州瓦勒德特拉费镇（Val-de-Travers）的多个村庄，便开始出现关于伯爵家族的记载：十四世纪中叶，Couvet；1429年，Boveresse；十五世纪末，Bayards（以上均为瓦勒德特拉费镇下属村庄）。仙子坡（La Côte-aux-Fées）是个海拔1000多米的偏远小村庄。十七世纪，一位伯爵家族成员与当地教区的一位女子成婚，伯爵家族首次出现在这个地区的历史中。牲畜饲养是当地的主要经济来源之一，这从村落的名称便可见端倪。"La Côte"指代放牧的山丘，而母羊在当地方言中被称为"fayes"，又有"仙子"之意。仙子坡的农人跟随四季的节奏，过着恬淡的田园生活，并在霜期和农耕以外的时间从事其他副业。十六世纪，蕾丝编织在当地风靡一时。几十年后，钟表业开始逐渐现身。1830年前，仙子坡的蕾丝制造工多达三百人，不拘男女，蕾丝贸易在当地占有重要地位，远超钟表制造。时光流转，人过境迁，当地的蕾丝在远销欧洲各国后，热潮开始慢慢消退，取而代之的是逐步蓬勃发展的钟表业。

前页：
1910年左右，冬日里的仙子坡（La Côte-aux-Fées）村庄

右图：
1900年左右，伯爵家族以及他们村庄内的生活画面

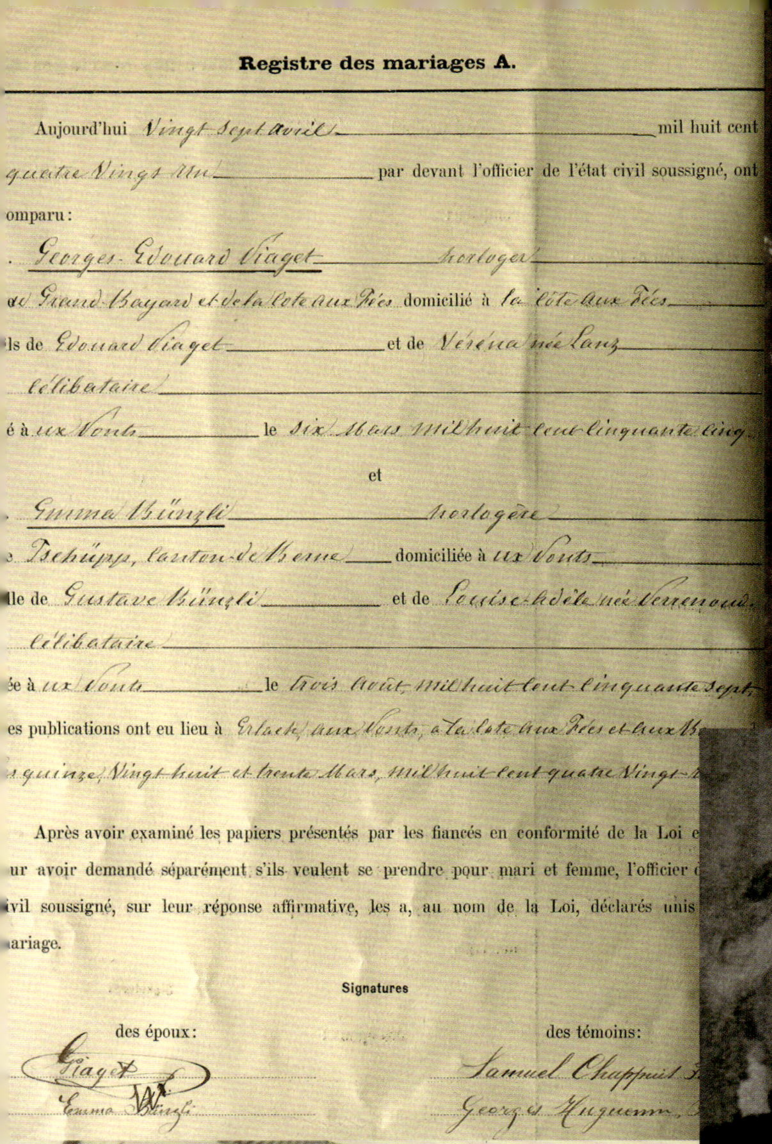

Registre des mariages A.

Aujourd'hui Vingt sept avril mil huit cent

quatre Vingt un par devant l'officier de l'état civil soussigné, ont

omparu:

. Georges-Edouard Piaget horloger

de Grand-Bayard et de la Côte aux Fées domicilié à la Côte aux Fées

ls de Edouard Piaget et de Véréna née Lanz

célibataire

é à aux Ponts le six Mars mil huit cent cinquante cinq

et

. Emma Bünzli horlogère

e Tschüpps, Canton de Berne domiciliée à aux Ponts

lle de Gustave Bünzli et de Louise-Adèle née Vernenoud

célibataire

ée à aux Ponts le trois Août mil huit cent cinquante sept

es publications ont eu lieu à Erlach, aux Ponts, à la Côte aux Fées et aux Ba

s quinze, Vingt huit et trente Mars, mil huit cent quatre Vingt

Après avoir examiné les papiers présentés par les fiancés en conformité de la Loi e

ur avoir demandé séparément s'ils veulent se prendre pour mari et femme, l'officier d

ivil soussigné, sur leur réponse affirmative, les a, au nom de la Loi, déclarés unis

ariage.

Signatures

des époux: Piaget, Emma Bünzli

des témoins: Samuel Chappuis, Georges Huguenin

前页：
乔治-爱德华·伯爵（Georges-Édouard Piaget）夫妇和他们的十四个孩子，1925年左右

右图：
乔治-爱德华·伯爵于19世纪末为其妻子打造的怀表

后页：
1911年，乔治-爱德华·伯爵以及数位家族成员和工匠在Café Français老式建筑内的制表工坊前

十九世纪中叶，仙子坡的很多家庭都在从事家畜饲养的同时，涉足钟表制造，这其中就包括生活在达泰农场（Ferme des Tattets）的爱德华（Édouard）和韦瑞纳·伯爵（Véréna Piaget）夫妇。1855年3月6日，他们的第一个孩子——乔治-爱德华（Georges-Édouard）在蓬德玛尔泰勒（Ponts de Martels）出生。有了得天独厚的先天条件，这个孩子自童年起，便对腕表机械机制产生了浓厚兴趣，他的心中也开始萌发创业的期冀。安静祥和的田园景色、新教教义对职业生活的推崇、加之父母所从事的业务蒸蒸日上，这些元素仿佛构成一片肥沃的土壤，他在这片土壤上辛勤耕耘，终于将家族的名字深深铭刻在钟表史上。

十九世纪上半叶，政局动荡，社会结构也遭遇了颠覆。共和党和保皇分子在这个地区发生冲突。该地区虽于1814年加入赫尔维希亚联邦（今瑞士），但直至1848年，它名义上依然属于普鲁士国王的封地。面对此类政治运动，仙子坡的居民们并未置身事外。他们积极投入到各种运动中，捍卫自己的共和理念。尽管社会动荡不安，但这群勤劳热情的人民却依然使当地的经济获得飞速发展，并因此免受危机干扰。"1830年，钟表工匠仅有150人，到了1866年，人数已增至超过400人。然而根据1883年的人口普查结果，当年的钟表工匠为470人，其中男性247人，女性则有223人。钟表业虽遭遇严重危机，仙子坡受波及的程度却远远小于其他地区。尽管仙子坡工匠的报酬大大下降，但他们经手的工作却依然无懈可击。这些工匠没有任何苛求，他们起早贪黑，不给自己设定工作的开始和结束时间。这些辛勤的劳动者用严谨的态度和不屈不挠的精神，认真对待手中的每份工作。"（*《仙子坡》（La Côte-aux-Fées），历史专题梗概*。Quartier-la-Tente著，J.-J. Kiessling出版社，纳沙泰尔，1890年。）

正是这份对钟表的热爱，让他们走到一起。为此，乔治·爱德华·伯爵（Georges-Édouard Piaget）还亲手打造了一枚腕表，作为礼物送给妻子爱玛（Emma Bunzli）。

十九世纪末，钟表制造通过被称为"en parties brisées or établissage"的方式来完成。这种制度于一个世纪前兴起于汝拉山脉，通过把复杂任务化整为零，让每家工坊都发展出自己的专长，从而确保高水准地完成任务。举例来说，擒纵结构就是仙子坡当地的绝活，它的作用是将动力从摆轮传输至指针。

现代之风

彼时的钟表业以一种名为Établissage的传统分工生产制为基础，不同的制作工序分配给多个专业工坊来完成，而这种模式却在当时遭遇严重危机。由美国钟表

PE PIAGET
CÔTE-AUX-FÉES

Liste des ouvriers de la fabrique Georges Piaget & Cie.

Numéro d'ordre	NOM ET PRÉNOMS	LIEU D'ORIGINE	LIEU DE DOMICILE (Commune)	DATE DE LA NAISSANCE Anée	Mois	Jour
1.	Frédéric Corlet			1870	Février	8
2.	Charles Benoit			1886.		
3.	André Piaget			1893.	Octobre	15.
4.	Léon Dubois			1892.	Décembre	29.
5.	Philippe Bez			1894.	Mars	5
6.	Emile Grandjean			1894.	Février	19
7.	Michel Mermod			1890.		
8.	Ami Guye			1876.		
9.	Bourquin Paul			1897.	Août.	6
10.	Ernest Gerber			1885		
11.	Piaget Fritz			1897.	Novembre	28
12.	Willy Piaget			1890	Janvier	24
13.	Georges Piaget fils			1893.	Juillet	16
14.	Emmanuel Piaget			1895.	Novembre	30
15.	Daniel Piaget			1898.	Novembre	27
16.	Elisabeth Piaget			1891.	Janvier	13
17.	Rose Piaget			1894	Septembre	18
18.	Lydie Borel			1898.	Février	25
19.	Pierre Borel			1899	Janvier	13
20.	Numa André			1897.		
21.	Ami Bourquin			1886.	Janvier	8
22.	Rosa Audétat			1876.	Octobre	6
23.	Samuel Juvet			1902.	Décembre	3.
24.	Robert Blanquet			1900.	Juillet	31.
25.	Samuel Piaget			1900.	Novembre	2.
26.	[illegible]				[illegible]	

Echappements à ancre **à** La Côte aux Fées

NATURE SPÉCIALE DE L'OCCUPATION	DATE DE L'ENTRÉE			DATE DE LA SORTIE			DATE DU DÉCÈS (s'il est survenu avant la sortie)			OBSERVATIONS
	Année	Mois	Jour	Année	Mois	Jour	Année	Mois	Jour	
pivoteur	1911.	octobre	1.	1942	Décembre	31.				
acheveur	1911.	octobre	1.	1916.	Février	27.				
pivoteur										
acheveur										
acheveur										
préparateur										
pivoteur										
acheveur										
acheveur										
pivoteur										
acheveur										
préparateur										
acheveur										
préparateur										
préparateur										
sertisseuse										
sertisseuse										
sertisseuse										
pivoteur										
préparateur	1914.	mai	4.	1914.	Juillet	31.				
pivoteur	1916.	octobre	19	1930	Février	21.				
sertisseuse	1916.	novembre	1	1949	Octobre	31				
acheveur	1917.	mai	7.	1923	Décembre	31.				
acheveur	1917.	octobre	15.	1921.	Septembre	25				
réparateur	1917.	décembre	10	1921.	Juin	7				

前页：
伯爵制表工坊
员工资料登记簿，
1911至1988年间；
1910年左右，
爱德华·伯爵
（Édouard Piaget）和
丹尼尔·伯爵
（Daniel Piaget）

制造商所造成的激烈竞争，瑞士向美国的钟表出口变得举步维艰。汝拉山脉的钟表产业模式到了必须革新的时刻。在这一背景下，乔治·爱德华·伯爵（Georges-Édouard Piaget）于1874年开创了他自己的事业，尽管困难重重，但他却在当时的市场上看到一丝曙光。刚满19岁，他就在法国钟表匠及金匠莱拜亚尔（Les Bayards）处告别学徒生涯，并且在擒纵结构方面颇有心得。他虽年轻，但却对未来有着明晰的看法，这份远见成为他克服万难创业的动力。

在这种困难的经济背景下，他做出一个大胆决定：瞄准高端市场，以品质为重。他先将希望寄托于擒纵结构这种当地专长的钟表生产技术，并对杠杆式擒纵进行改良，在各大钟表制造商中树立起自己的口碑。

家族传承对年轻的乔治·爱德华来说也至关重要。他珍视父母对钟表的热情，不吝与他人分享并用这份激情感染他人。1881年，他与爱玛·布恩泽丽（Emma Bünzli）喜结连理，两人共育有十四个子女。爱玛在勒庞（Les Ponts）出生长大，和乔治·爱德华·伯爵一样，她也是当地一名专业制表师，正是这份对钟表的热爱，让他们走到一起。为此，乔治·爱德华还亲手打造了一枚腕表，作为礼物送给爱妻。二人步入暮年之后，曾拍摄多幅合照：照片中爱玛或将腕表挂于胸前，或将其握于手心，这枚腕表早已成为她的幸运符。

乔治·爱德华的子孙将伯爵先生的事业发扬光大。1890年，伯爵家族在当地新修建的基督教播道会教堂的一楼安家落户。在那里，孩子们茁壮成长，并描绘出自己的锦绣前程，作为虔诚的教徒家庭，他们的目光投向了家族事业。对乔治·爱德华而言，成功的关键始终在于在家族内发展多样化的制表技艺。因此，小爱德华和约翰——家族最年长的两个孩子继续苦心钻研擒纵结构的制作技术，而弟弟们则开始逐步掌握新的钟表工艺。不久之后，他们的姐夫罗兰·奥贝尔（Roland Aubert），从自己的出生地汝山谷（Vallée de Joux），带来当地独有的红宝石镶嵌技术。提摩太（Timothée），家中的第三个孩子，并没有一开始就踏入钟表领域。在此之前，他涉足多种其他行业，这一经历不仅使他拥有开阔的视野，更培育出他过人的领导能力。父亲并未选择长子作为家族继承人，而是将这一重任托付给提摩太。他注册了商标Georges Piaget & Cie。同年，制表工坊及他们一家搬迁至爱德华购入的一栋原为法式咖啡店的建筑内。直至1931年去世之前，品牌创始人乔治·爱德华·伯爵一直密切关注家族事业的所有发展。在他成功创业的过程中，精湛技术和至臻苛求固然发挥了决定性作用，但他博采众长和集思广益的能力同样不可小觑。“永远做得比要求的更好”，他以此理念使伯爵家族齐心协力，也将村庄的民众紧密团结起来。在伯爵的《工坊名册》中，逐渐增添仙子坡的众多其他姓氏。偏远山村激发起人们的团结意志，秉承共同的信念，让伯爵之名冲出山谷，名扬四方。

“永远做得比要求的更好”，他以此理念使伯爵家族齐心协力，也将村庄的民众紧密团结起来。

在乔治·爱德华·伯爵的领导下，品牌完成了令人惊叹的变革：从一

制表工坊于1945年正式启用，一场颠覆性的钟表革命，即将在这里上演。

个独立的专业制表工坊，转变成一家服务全面、风格独特的现代化企业。*《达瓦纳以及瑞士和周边地区官方钟表业目录》*（*L'Indicateur Davoine et Indicateur général de l'horlogerie suisse et limitrophe*）便是这一转变的最佳明证。1913年，伯爵在该专业年鉴中对品牌产品做出介绍："球状擒纵系统，做工精细、厚度超薄、镶嵌宝石、种类丰富。"精细纤薄的组件，早在当时便成为伯爵的招牌之一。这一特点在日后不断得到体现，伯爵的业务也不断拓宽。1916年，在同一部年鉴中，我们可看到伯爵刊出一个广告，展示了不同形状和厚度的机芯，从6法分的机芯到各种大小的杠杆擒纵结构和擒纵宝石，该广告还特别使用"做工精细考究"来描述产品。

一个名字、一种风格、一个品牌

仙子坡的手工精制机芯品质卓越，自1920年起，便吸引了大批知名钟表品牌前来订购。翻阅之前的会计账簿，您能看到宝玑、劳力士、爱彼、真力时、凡尔根、浪琴表、雅典表、江诗丹顿和欧米茄等品牌。伯爵多次在专业腕表期刊内登载广告，以展示引以为傲的2.4毫米超薄机芯。1926年，伯爵推出自家品牌的怀表，到1934年Piaget & Cie正式登记在商事记录中，制作并销售各种类型的腕表。根据*《瑞士钟表和珠宝日报》*，伯爵于1942年推出超薄金币神秘表，以展示其精湛的超薄机芯制作技术，并被誉为能提供多个不同款式包括"日期窗口功能、防水性能、自动上链、金币表、珠宝腕表、超薄腕表"等。"高端与精准"作为品牌标语首次亮相，伯爵通过提供优雅、精准的腕表作品，不断巩固品牌的地位。但直到1943年，伯爵品牌才被正式注册。提摩太在其兄弟姐妹及子女的支持和帮助下，决定迈出这重要一步，一切都水到渠成。和他的父亲一样，提摩太也没有选择自己的两位最年长的儿子作为继承人。1945年，杰拉尔德（Gérald）和瓦伦汀（Valentin）接掌家业。他们的首要任务，便是拓展品牌业务领域，并使旗下的产品更加超群出众。在这个重要变革的时代，仙子坡全村的居民都参与并见证了伯爵在当地经济上的绝对重要性。新建的工坊完美体现出家族的雄心，最多可容纳150名制表师，宽大的窗户呈弧形一字排开。这工坊俯瞰旧有的工作间，成为当地居民的聚集地。又被仙子坡的居民们昵称为"厂"。制表工坊于1945年正式启用，一场颠覆性的钟表革命，即将在这里上演。

杰拉尔德·伯爵（Gérald Piaget）继任为公司领导人，全力推动了品牌的业务拓展。1946年，伯爵首次参加著名的巴塞尔钟表展，这是一个举足轻重的国际盛会，瑞士钟表领域最出色的作品都在这里悉数登场，这是拓展业务、与客户会面的绝佳平台，参加这个钟表展，意味着品牌向国际市

右图：
1945年左右的
制表工坊

后页：
1950年左右的
机芯装配工坊；
1950年左右，
提摩太·伯爵
（Timothée Piaget）
在工作台边工作

场进军。而后，杰拉尔德在大大小小的行李中，装满各种珍贵的时计系列，以及伯爵引以为傲的机芯作品，他载着品牌的心血一次次踏上旅程。他带着可亲的笑容和谦和的态度，飞跨各大洲，接下一笔又一笔订单。他太太卡米耶·比莱（Camille Pilet）是他的得力助手，和杰拉尔德一样，她也有着敏锐的商业头脑和人情味。夫妇两人联手，共同建起了一个庞大的销售网络。他们还以广告宣传展示品牌。他们的足迹不单覆盖纽约、巴黎及米兰等繁华大都市，亦包括利马、孟买及哈瓦那等充满异国风情的城市。全面的销售网络让品牌得到媒体的广泛关注，并与许多不同的人建立了深厚友谊，他们就如同品牌的大使一样。1950年代，杰达里奥·格林伯格（Gedalio Grinberg）、法比安（Fabian）和何塞·维斯（José Weiss）是伯爵在古巴的代理商，他们被迫逃离自己的国家前往美国。卡米耶·比莱把握这个机遇，邀请他们管理刚在美国成立的Piaget Watch Corporation，发展美国市场。1961年，三人踏上了前往纽约的冒险之旅。他们每人带了一件行李，里面装有珍贵的伯爵腕表，展示给顾客。每天清晨，他们都会去银行的保险柜中取出腕表，晚上再将其放回。杰达里奥·格林伯格凭借卓越的营销意识，成功在当地打响了伯爵的名号。1960年代初期，杰拉尔德·伯爵、卡米耶·比莱，以及1957年加入公司的埃米尔·凯勒（Emil Keller），三人几乎走遍了世界的每个角落。从美国到日本，他们举办各种各样的活动，目标指向眼光挑剔的高端客户群。几年间，品牌通过异彩纷呈的无限创意，不懈追求革新成果和卓越品质，在全球缔造出一个活跃的销售网络。

另一方面，汝拉山脉间，伯爵依然在自主开拓的道路上不断前进，意图掌握业务所需的各项能力。伯爵不断在最初的专长上添加新的技能：从商业贸易开始，进而发展市场和销售。1959年在日内瓦开业的首家伯爵专卖店便是最佳例证。6月13日，“伯爵沙龙”向众人揭开神秘面纱。它是品牌苦心思索的结晶，处处隐藏着惊喜，每个角落都令人眼前一亮。瓦伦汀·伯爵（Valentin Piaget）将自己的创意理念发挥到极致，令这家专卖店在日内瓦优雅的氛围中鹤立鸡群。他摈弃了摆满腕表的巨大橱窗，另辟蹊径，采用狭长的展示窗，重点凸显品牌系列的珍贵价值。外部橱窗展示的作品虽然不多，但它们在专卖店内部更是踪迹难寻。这个优雅的空间以沙龙的形式迎接宾客的到来。伯爵的品牌标识“伯爵钟表与珠宝”（Piaget Horlogers-Joailliers），也展露出品牌低调含蓄，独树一帜的个性。瓦伦汀·伯爵亲自参与了日内瓦首家伯爵专卖店的开业仪式。他为品牌的发展倾尽一生心血，使伯爵如初升的星辰，闪耀熠熠光彩。静谧的仙子坡和如画的田园美景，为他带来无穷的想象力和创造力。在他看来，“永远做得比要求的更好”，意味着使不可能成为可能。他求索一生，并非仅为获得完成挑战的快感。在他的努力下，对超薄的追求成为品牌使命，独一无二的伯爵风格也就此成形。

宽大的窗户呈弧形一字排开，这座工坊被仙子坡的居民们昵称为“厂”。

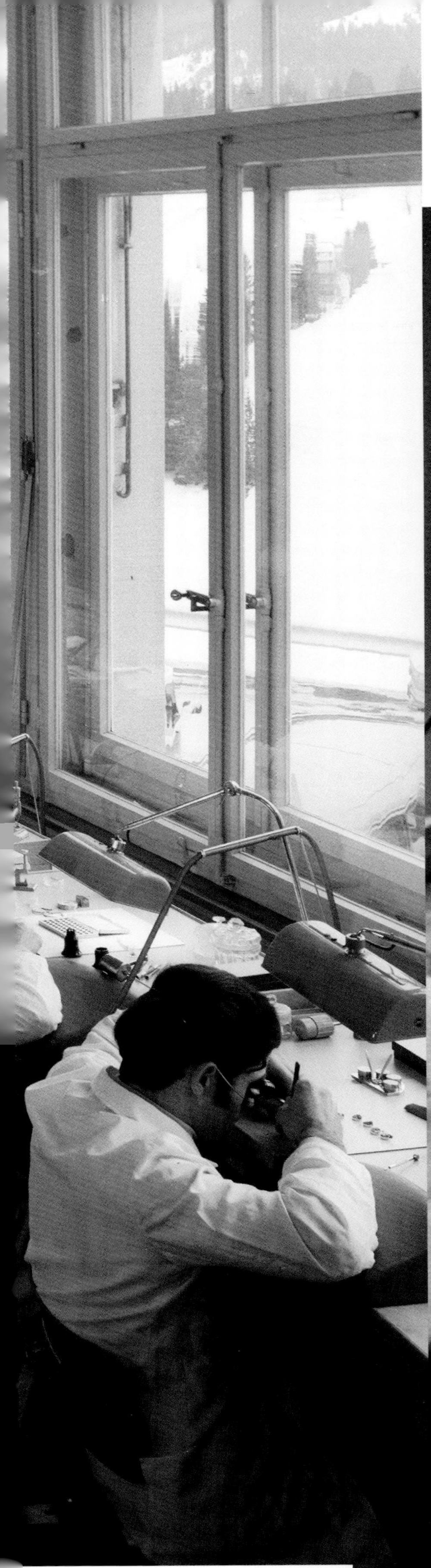

COLONIAL

杰拉尔德在大大小小的行李中，装满各种珍贵的时计系列，以及伯爵引以为傲的机芯作品，他载着品牌的心血一次次踏上旅程。

超薄革命

瓦伦汀·伯爵当时同时着手设计两款创新机芯，第一款机芯为第二款的问世打下了坚实基础。1956年，9P超薄手动上链机芯问世。翌年，它在巴塞尔钟表展上与公众见面。它的厚度仅有2毫米，精巧优雅的结构，卓越可靠的性能，这两大要素使它成为一个传奇。自动上链机芯当时是男士钟表领域的一大难题，而瓦伦汀已在酝酿后续作品。1960年，12P自动上链机芯惊艳登场，它是当时全球最纤薄的自动上链机芯，厚度仅为2.3毫米，它不仅获得多项专利认证，还赢得了媒体和业界的一致赞誉。父亲提摩太传授的经验，姐夫和表兄各自奉献技术初稿绘制及宝石镶嵌技艺，让瓦伦汀获益匪浅。这些机械机制异常精密，但整个家族同心协力，各显身手，成功将各种精密部件组装在一起。制表工坊建成十五年来，规模不断发展壮大，设备也得到有效改良，这为两款机芯的大规模生产提供了无限可能。伯爵家族成员推崇开源节流的生活理念，他们为企业发展投入了大量精力物力，业务因此得以飞速发展。传统的制表技术得以代代流传，还孕育出团结一致，共同分享的精神。不仅如此，为了凸显品牌独树一帜的风格，伯爵还采取一套具有前瞻远见的战略方案。尽管约六成的机芯都售给其他钟表品牌，但伯爵却将9P和12P机芯保留下来，仅供自家制的腕表使用。在这两款机芯中，9P用于男士和女士腕表系列，12P则仅用于男士腕表款式。它们为品牌风格奠定了坚实基础，但家族的雄心壮志远远超出技术的限制。伯爵以精准可靠的品质和巧夺天工的工艺，致力于打造美与优雅的理想典范，这不能不说是一种艺术。

伯爵风格

1940年代，女士腕表的种类非常有限，且读取时间也很不便，机芯的尺寸都很小。伯爵特别推出一系列的神秘腕表，优雅地打破这一局面。这些作品通常铺镶美钻，既是名符其实的珠宝，又可显示时间。精雅绝伦的外观设计，流畅柔美的线条，造就了伯爵无出其右的典雅风格。即便如此，品牌仍未展示出它所有的创作潜力。

1957年，品牌决定只采用黄金或铂金等贵金属制作，这决策使伯爵的风格变得更加明晰。品牌还在广告中加入一句极富感召力的宣言："伯爵，全球精英之表"。同年，著名9P机芯隆重推出，凭藉仅2毫米的厚度和9法分（20.5毫米）的直径，在钟表天地写下了全新篇章。大表盘、清晰易读的时间、更迷人的外形、新颖的装饰风格，腕表的造型千变万化。只要放飞想象，一切皆有可能。9P机芯不仅为腕表装饰带来无限可能，既可是简洁纯粹的风格，亦可是装饰华美的。超薄轮廓、完美贴合手腕的造型、朴实简洁的表盘，男士超薄腕表紧紧攫住了隽永经典的核心特质。品牌的传世经典

左图：
1940年左右，
杰拉尔德·伯爵
（Gérald Piaget）
推广他创作的系列作品

后页：
1940年左右，
瓦伦汀·伯爵
（Valentin Piaget）
在山上

右图：
广告，1959年；
日内瓦专卖店，1959年

后页，
由左至右：
20世纪60年代，
伯爵在伦敦阿斯普雷
（Asprey）和
瑞士圣莫里茨镇
（St. Moritz）的
拜德鲁特斯皇宫酒店
（Badrutt's Palace）
举办了展览会

应运而生，紧随其后的12P自动上链机芯，备有日期或无日期显示两种选择，满足了深爱机械腕表的男性顾客心中所想。

凭藉9P机芯，伯爵为自己的历史翻开崭新一页。伯爵的世界怎能没有色彩？仙子坡美丽的自然景色，成为伯爵创作的灵感源泉。除了钻石、红宝石、祖母绿和蓝宝石等常规宝石外，品牌还在色盘中加入各种硬质宝石，上面鲜艳而浓重的色彩，为表盘赋予无限活力。时值1963年，时间不再颜色单一，它在蓝色青金石、绿松石和珊瑚的色彩中跳跃舞动……搭配或不搭配钻石。传统的钟表美学规则已被全然颠覆，旧有的材料限制也不复存在，半宝石和贵重宝石相辅相成，完美呼应，宣告现代珠宝工艺时代的到来。

为了支持这样的变革，伯爵在三年的时间内，不断收购黄金加工和宝石镶嵌领域的专业工坊。1961年至1972年，品牌收购的三家位于日内瓦的工坊，使伯爵自主研发的心愿成为现实。他们拥有的专业技艺，让伯爵可以缔造自己独有的风格通过腕表和珠宝两大系列得到完美体现。1959年日内瓦专卖店开业时，伯爵珠宝作品首次亮相。在这个优雅天地，彩色宝石用极富伯爵风格的鲜亮色彩，为最初的珠宝作品带来火热激情。

伯爵风格的基调已然确立，但伯爵尚未发挥它的全部潜力。瓦伦汀・伯爵谨遵父亲格言，决定打造前所未有的旷世杰作，位于日内瓦的品牌设计工作室从未停下创作的步伐。1969年，工作室推出“二十一世纪”系列。本系列中，手镯表以其华丽的造型和大胆的设计，尽展奢华风尚；长项链怀表则用艳丽的色彩和美轮美奂的黄金，挥洒无穷魅力。该系列惊艳登场，使伯爵一举成为顶级、稀有、时尚的代名词。

伯爵喜爱超凡前卫的风格，同时热爱着黄金的贵气。对于一个将金币神秘表视为专长的品牌来说，能与萨尔瓦多・达利（Salvador Dali）共同创作，无疑是一大乐事。1967年，伯爵以达利创造的画面铸造金币，制作了一系列腕表、珠宝及其他配饰，达利称之为达利金（Dali d'Or）。

1957年，品牌决定只采用黄金或铂金等贵金属制作，这决策使伯爵的风格变得更加明晰。

自1950年代起，越来越多的名流开始钟情于“Piaget Look”。当中包括杰奎琳・肯尼迪（Jackie Kennedy）、伊丽莎白・泰勒（Elizabeth Taylor）、索菲娅・罗兰（Sophia Loren）、吉娜・劳洛勃丽吉达（Gina Lollobrigida）、莫里斯・谢瓦利埃（Maurice Chevalier）、小萨米・戴维斯（Sammy Davis Jr）和阿兰・德龙（Alain Delon）等名媛雅士。在伯爵的装扮下，他们用优雅的姿态，展示出一个动感十足的天地。不仅如此，众多时尚杂志也对品牌大胆前卫的现代风格迷恋不已。

Un nouveau salon de vente horlogère

On n'apprendra rien aux spécialistes du marché en rappelant que Genève est et devient toujours davantage le lieu d'élection de la vente horlogère. La vitrine est luxueuse ou modeste et la montre rayonne dans sa beauté et sa diversité. Les plus grandes marques tiennent à honneur d'installer à Genève un magasin de vente ou un bureau d'exportation.

A son tour, la Manufacture Piaget a ouvert un siège genevois. Fondée en 1874, et installée toujours à La Côte-aux-Fées, cette maison représente aujourd'hui l'effort et la réussite de quatre générations de maîtres horlogers. Le salon de vente doublé d'un bureau d'exportation, est donc un aboutissement, le couronnement d'une belle œuvre familiale. Dans le monde entier, Piaget est connu par l'éclectisme et le goût de ses réalisations.

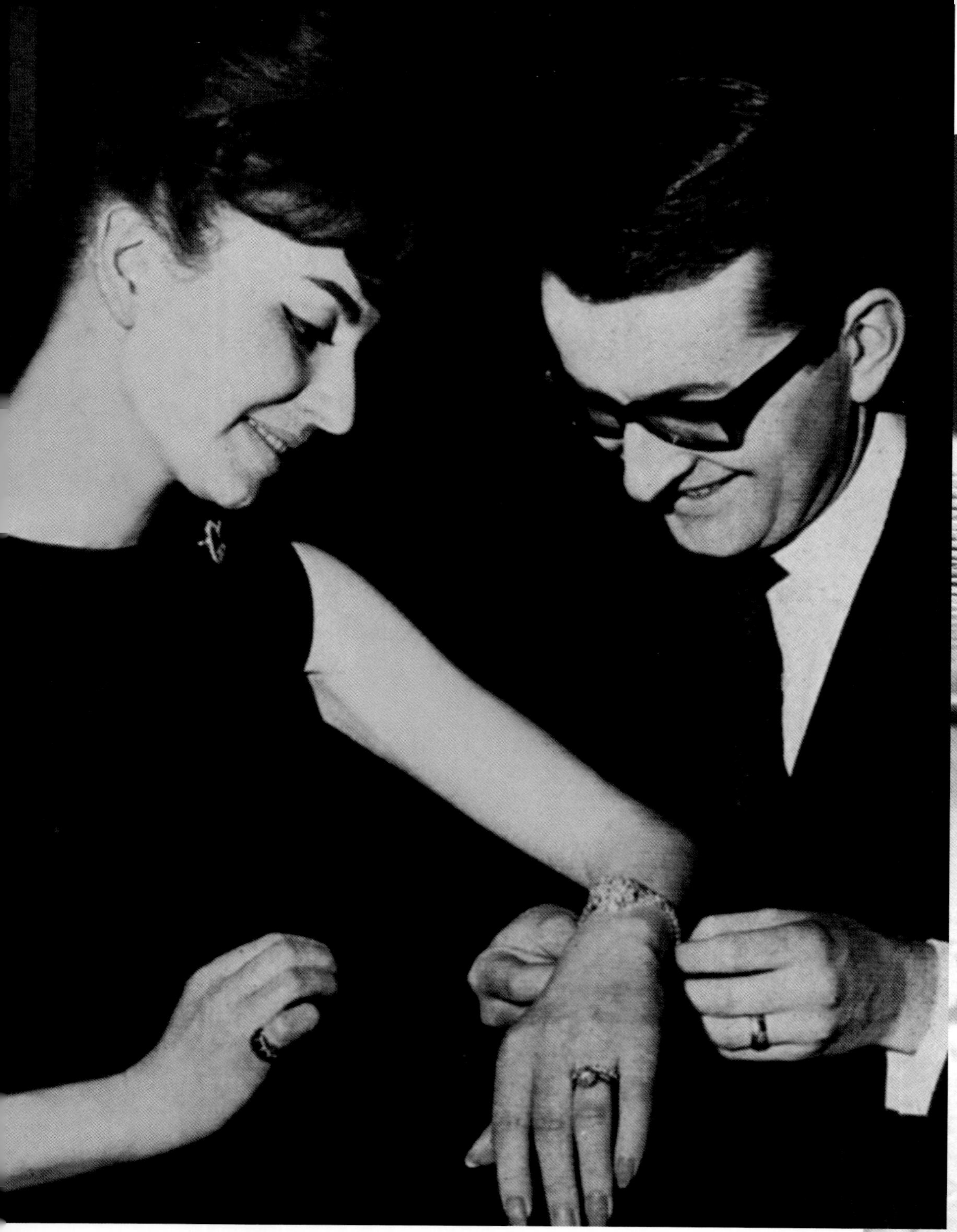

PIAGET

AGET

越来越多的名流开始钟情于“PIAGET LOOK”。当中包括杰奎琳·肯尼迪（JACKIE KENNEDY）、伊丽莎白·泰勒（ELIZABETH TAYLOR）、索菲娅·罗兰（SOPHIA LOREN）、吉娜·劳洛勃丽吉达（GINA LOLLOBRIGIDA）、阿兰·德龙（ALAIN DELON）和小萨米·戴维斯（SAMMY DAVIS JR）等名媛雅士。

激情的力量

1960年代，伯爵家族三代成员同时登上历史舞台。伊夫·伯爵（Yves Piaget）是杰拉尔德的爱子。在父亲的启发下，他很早就开始涉足品牌业务。他曾先后在纳沙泰尔学习工程学，在美国接受宝石学教育。完成学业后，他在日内瓦专卖店从事销售工作，并于1966年成为总经理。他的人际关系非常良好，日后不断发展，在品牌的公共关系领域起到至关重要的作用。开拓全新领域，接触全球客户，这是品牌发展的基石，而当中人际关系是尤为重要的一个环节。伊夫的父亲早已预料到这点。伊夫凭借丰富的人脉，在不断传承先人激情的同时，更成功强化伯爵的吸引力，为品牌带来赞誉无数。

伊夫·伯爵（Yves Piaget）让四方宾客度过一段又一段美妙时光。1966年，他结识莫里斯·谢瓦利埃（Maurice Chevalier）。这位知名歌星当时在格施塔德大酒店（Palace de Gstaad），为伯爵的贵宾们献上了一场精彩纷呈的演唱会。从那时起，伊夫·伯爵开始将上流社会视为施展才华的舞台。他广识天下名流，并从未忘记自己的真正角色。他心中牢记父亲的教诲：“你承担公关的责任，便是全然代表着品牌。你要将它视为一个舞台。当你离开舞台时，便要脱下舞台华服，换上你的私人服装。”参加伯爵举办的宴会是绝对不容错过的体验，处处充满着生命的喜悦。

这位年轻的工程师非常关注钟表领域即将面临的重大变革，他说服家族成员关注石英机芯，并让伯爵加入纳沙泰尔电子钟表中心（Centre Électronique Horloger de Neuchâtel），一个由多家瑞士品牌所组成的研究小组。1969年，瑞士第一枚石英机芯——Beta 21就此问世。伯爵将这款机芯放置在一个体积丰盈、造型独特的表款内，并很快赢得安迪·沃霍尔（Andy Warhol）的青睐。伯爵迈出了石英机芯生产的第一步，但它并不是采取这项举措的唯一一家品牌，这种情况并不符合伯爵“独树一帜”的要求。不仅如此，Beta 21的体积也过于庞大，一个新的挑战再次出现在超薄大师的眼前。1976年，7P机芯问世。厚度仅有3.1毫米，900个晶体管可确保高精准的计时，伯爵再次创下超薄纪录。1975年至1985年间，经济危机重创瑞士钟表业，但品牌却凭借此成果幸免于难。

1970年代，一种更为内敛的全新优雅风尚逐渐成形。伯爵灵敏捕捉到时代气息，以此转变为契机，将黄金的使用发挥到极致，一款引领美学革新的全新腕表就此问世。不论白天还是黑夜，广大摩登男女都可随心佩戴，为自己打造极富休闲气息的优雅风情。1979年。伯爵历史上首次为旗下的作品命名，这款作品名为“Piaget Polo”。马球（Polo）是一项高水准的贵族体育活动，伯爵不久后便将它纳入品牌的活动政策。伊夫·伯爵是名优秀的骑手，这项专长为品牌开辟了更为广博的发展前景。不论是在美国还是欧洲，伯爵在马球历史上大放异彩，写下辉煌篇章。Piaget Polo腕表将品牌盛名推至新的巅峰，特别是在美国，伯爵已成为功成名就的象征。伯爵作品通常由成双成对的顾客购买。精英男女们通过这种方式，来纪念两人共同缔造的锦绣生活。

百年品牌

百年纪念，是品牌举办盛大庆典和活动的绝佳良机。在圣莫里茨（Saint-Moritz），米哈伊·玛蒂耶（Mireille Mathieu）用天籁之音，为这一百年盛事增添华彩。在日内瓦Prodor这座全新工坊也如约建成，这里汇集了品牌自1960年收购的日内瓦工坊的所有业务。

在伯爵眼中，美源于自然。仙子坡就是一座世外桃源。作为创作源泉，自然在伯爵的作品中占有重要地位，玫瑰便是其中一个特别的灵感泉源。在伯爵，玫瑰千娇百媚，受人爱戴。伊夫·伯爵对故土的玫瑰了然于心，这种花朵时时散发馥郁芬香，令他钟爱不已。1979年，他向“日内瓦国际新品种玫瑰大赛”献上珍贵奖杯——一朵如同实物等大的纯金玫瑰。在主持大赛的28年间，他将这项比赛打造成一个评价极高的国际盛事。

超凡杰作源源不断地涌现，伯爵迎来昌荣兴旺的鼎盛时期。在接受宝石学培训后，伊夫·伯爵对美丽的珍贵宝石产生浓厚兴趣，他灵感迸发，决定在珠宝和腕表作品中，将宝石的克拉重量凸显到极致。1982年，伯爵工作坊打造出全球最昂贵的腕表——Phoebus腕表。它镶嵌87克拉钻石，其中一颗稀有的蓝钻更重达3克拉。更多此类高级珠宝作品如雨后春笋般涌现，使伯爵成为当之无愧的奢华典范。在伯爵看来，与艺术家展开合作，总能碰撞出不凡火花。正因如此，品牌在1984年和1988年，与埃尔尼（Erni）和阿尔曼（Arman）展开了光芒四射的艺术合作。

1980年代末，伯爵以自己的独特风格为王牌，在发展的道路上持续精进。1988年，伯爵被纳入日后名为历峰集团的商业巨子旗下，为品牌永续发展带来无限可能。伯爵的第四代决策者矢志不渝，将光耀品牌视为毕生使命。透过本次企业结构变革，自1983年便开始掌舵的伊夫·伯爵对未来充满信心。

PIAGET
9

3

前页：
1986年，伯爵马球世界杯在西棕榈滩举办

右图：
杰拉尔德·伯爵（Gérald Piaget）及其儿子伊夫·伯爵（Yves Piaget），1970年代末

珍贵的遗产

对于这个同家族血脉紧密相连的品牌来说，承上启下是一个必经阶段。在品牌看来，向公众展示伯爵的价值、工艺和风格是其首要任务。秉着这理念，自1980年代起，伯爵在摩纳哥、巴黎、香港等地连续开设多家专卖店。在品牌销售网络全面扩张的同时，伯爵深感保存品牌传统遗产的重要性，正因如此，伯爵开始保存收藏品牌最经典的创作。长项链怀表、手镯表、珠宝腕表、超薄腕表、全套首饰、珍贵饰物……收藏作品逐渐完善，每件都完美体现了设计师令人屏息的天才创意和匠人们精湛绝伦的工艺技术。1997年，伯爵被威尼斯选为圣马可广场钟楼时钟修复工程的品牌，品牌展现了对历史古迹的关爱与呵护。在麦振杰的号召下，伯爵多次参与古迹翻新工程。2012年至2014年间，伯爵慷慨解囊，全面翻新位于巴黎市郊的约瑟芬皇后的马勒梅松城堡（Malmaison）玫瑰园。

忠于优雅理念，伯爵在超薄腕表领域再次展现全新风貌。继传奇的9P和12P机芯后，新款机芯接连问世。超薄腕表的表壳变化多端，1998年，品牌以Altiplano这个位于拉丁美洲的壮丽高原为该系列命名。二十一世纪，伯爵在超薄腕表领域不断开拓进取，继续创下多个世界纪录。品牌自2003年起开始发展腕表的复杂功能。就算在这个涉足不久的全新领域，伯爵依然严守“超薄”准则。陀飞轮、万年历、计时码表、三问功能，这些复杂功能都在超薄的基础上，体现出至臻至美、精益求精的古老家训。机芯显露尊贵品质，展现品牌对美的不懈追求。

珠宝作品自1950年代现身以来，更是伯爵的一大中流砥柱。1990年，品牌推出Possession系列珠宝，以独特的环中环设计凸显强烈的象征意义，趣意横生的理念更使它成为品牌的代表佳作。各种中级和高级珠宝系列不仅使伯爵的声誉如日中天，更完美展示出品牌的惊人创造力。自2005年起，伊夫·伯爵一生珍爱的玫瑰，在璀璨美钻的辉映下，绽放万千光芒。2010年，伯爵首次参加巴黎古董双年展（Biennale des Antiquaires à Paris），成为与会高级珠宝商的一员。

> 1982年，伯爵工作坊打造出全球最昂贵的腕表——PHOEBUS腕表。它镶嵌87克拉钻石，其中一颗稀有的蓝钻更重达3克拉。

艺术就像一针兴奋剂，艺术家通常能用自己的艺术感知力，为创作带来独到见解。伯爵从中看到了无穷潜力。2001年和2005年，伯爵先后与杰西卡·克莱格·马尔丹（Jessica Craig-Martin）以及皮埃尔与吉尔（Pierre et Gilles）展开了成果丰硕的合作。在与传统紧密依存的钟表领域，这是一个大胆决定。与此同时，伯爵与电影的关系也越来越密切。从美国到亚洲，伯爵为电影制作提供鼎力支持。2008年，它还与美国电影独立精神奖

伯爵与电影的关系越来越密切。然而伯爵眼中的“明星”，依旧是这些在工坊内孕育出的腕表与珠宝。

（Independent Spirit Awards）缔结合作关系，表示出对独立电影艺术创作的深切关注。

然而伯爵眼中的“明星”，依旧是这些在工坊内孕育出的腕表与珠宝。随着企业的不断发展壮大，两大工作坊相互依存、紧密协作。2001年，品牌全新高级钟表制造厂在位于日内瓦近郊的Plan-les-Ouates建成，取代了之前的Prodor旧址。在仙子坡，于1945年落成的制表工作坊也在保持原始风格的同时，不断开展扩建工程。建筑的顶楼内，保存着伯爵第一代成员的活动记录、装满钟表的抽屉、记事簿，以及各种零件盒，它们都是创始人格言的完美体现。伯爵的传统遗产是无价之宝。“永远做得比要求的更好”，乔治·爱德华·伯爵的这句家族格言，深刻传递着无价的精神力量。

左图：
1970年左右，
伯爵珠宝师根据
水粉画设计稿为
一款手镯表进行宝石
镶嵌的准备工作。

后页：
2014年的Plan-les-Ouates制表工坊。

PIAGET

GET
PIAGET

HB-EUA
PIAGET
WATCHES
PIAGET
SWITZERLAND
LA CÔTE-AUX-FÉES (SUISSE)
NEW-YORK – MONTRÉAL – RIO-DE-JANEIRO – HABANA – LIMA – BOMBAY
PARIS – MILAN – LIÈGE – LA HAYE – BARCELONE – STUTTGART – STOCKHOLM

1953年

PIAGET
SWITZERLAND
S. A. ANCIENNE FABRIQUE
GEORGES PIAGET & Co
LA CÔTE-AUX-FÉES (SUISSE)
NEW-YORK – MONTRÉAL – RIO-DE-JANEIRO – HABANA – LIMA – BOMBAY – PARIS
MILAN – LIÈGE – LA HAYE – BARCELONE – STUTTGART – STOCKHOLM – MADRID

1955年

PIAGET
présente
en première mondiale
LA SEULE MONTRE
AUTOMATIQUE
ULTRA-PLATE
Epaisseur du mouvement :
2,3 mm
Cette réalisation technique quasi incroyable est l'œuvre du spécialiste des montres les plus minces du monde.
CHEZ LES PLUS GRANDS JOAILLIERS DU MONDE
S.A. ANCIENNE FABRIQUE GEORGES PIAGET & CIE, LA COTE-AUX-FÉES ET GENÈVE

1960年左右

PIAGET
LA SEULE MONTRE
AUTOMATIQUE
ULTRA-PLATE
Epaisseur du mouvement
2,3 mm.
PIAGET
CHEZ LES PLUS GRANDS
JOAILLIERS DU MONDE

1960年左右

PIAGET
The Outrageous Time Bind.
It won't make waiting seem like eternity.
Rather like…
All time is relative whenever you wear diamonds.
That, alone, makes the wait worthwhile.
A diamond is for now.

1971年

There is only one thing as breathtaking
as a Piaget watch.
A Piaget Pendant.
Sculptured as carefully
as the finest work of art.
Designed as perfectly
as the woman who wears it.
The art objects in this
Piaget 21st Century Pendant Collection
curve around her neck,
some may be detached
to also wrap around her wrist.
One piece of jewelry to be worn
in two unforgettable ways.
Created for the woman who is worth
the most expensive watch in the world.™
PIAGET
Piaget watches are completely Swiss-crafted of 18K gold.
Color dials are genuine gemstone.
All designs copyrighted. For free color brochure write Piaget.
1345 Avenue of the Americas, New York, N.Y. 10019
Or 9465 Wilshire Blvd., Beverly Hills, Calif. 90212

1969年

This masterpiece,
like any other work of art, is
the only one in existence.
PIAGET

1972年

PIAGET
Who but Piaget can create time
that is generations ahead of itself?
This, the shimmering opal,
is from The Piaget
Wonders of the World Collection.
For that special wonder,
The woman who is worth
The most expensive watch in the world.™
PIAGET
1972年

Piaget time... measured only in gold
PIAGET
Polo®
PIAGET
At the world's finest jewellers

1986年

1983年

AU-DELA DU STYLE,
L'EMOTION
PIAGET
LIMELIGHT
GENEVE 1874
Boutiques PIAGET : Paris - 16, place Vendôme - 01 55 35 32 80 - Monaco - 3, avenue des Beaux-Arts - (00) 377 93 50 44 ¯6 - Liste des horlogers joailliers agréés et catalogues à disposition au 01 42 18 56 84

2001年

ULTIMATE DISCRETION
PIAGET ALTIPLANO
The world's thinnest automatic watch
White gold case, 5.25 mm thick
The world's thinnest automatic movement
Piaget Manufacture Calibre, 2.35 mm thick
PIAGET
piaget-altiplano.com

2010年

Faire
toujours mieux
qu'il
n'est nécessaire

永远做得比要求的更好

这句格言在伯爵家族中代代相传，这项准则自始至终激励着伯爵的工匠们。

永远鲜明的格言

“永远做得比要求的更好（Faire toujours mieux qu'il n'est nécessaire）”——这句由品牌创始者所留下的格言掷地有声，勉励我们追求卓越，勇往直前。对于这一品牌宗旨的理解，仁者见仁，智者见智，但皆出自他们真知灼见。当我们追溯这句格言的源头时，前辈们常常会翻出老相册，追忆往昔，将伯爵发展的来龙去脉向我们娓娓道来。2013年，伯爵制表工坊经过一番改造，那些曾经沉默的老工坊也重见天日。屋檐下沉睡的是昔日制表师们的家什：在工坊的阁楼内，堆放有一些材料、一只小巧的抽屉柜，行话称之为“layette（储物柜）”，工作台上则随意摆放着几幅图样、几枚毛坯零件和几个敞开的盒子，盒子里装着制表师工作所需的小工具。进入工坊内部，我们可以看到伯爵家族为了让成员铭记品牌宗旨而煞费苦心张贴的格言：“永远做得比要求的更好”。该格言自20世纪初问世以来，经历过不同形式的传承和发展，但其本质从未改变。

精湛工艺、独立自主和创新精神

如果说在乔治-爱德华·伯爵（Georges-Édouard Piaget）时期，曾有众多知名制表商来到汝拉山区（Jura）这个偏远的小村庄采购杠杆式擒纵机构，那是因为这里的杠杆式擒纵机构品质一流。除了精通机芯制作的精妙技艺以外，伯爵工坊因对“插嵌”工艺熟捻而声名大噪：这项工艺通过一个简易罗盘将擒纵机构准确地定位到夹板上，并形成一个凹槽以嵌入擒纵机构。从最初的精细组建生产，到后来的全套机芯制造，最后到钟表生产，仙子坡制表工坊不断地扩大其业务范围。而伯爵自初涉钟表业务后，随即开展珠宝业务以掌控其钟表生产的整体流程。正因这一明智之举，伯爵才得以掌握令制表业内同行艳羡的整合制造工艺。目前，仙子坡制表工坊和日内瓦市郊的Plan-les-Ouates制表工坊分别掌握了四十多项不同工艺，包揽了钟表制作的所有环节，伯爵也因此得以完全独立存在，并将创始人精益求精的理念发扬光大。

前页：
制表工具箱内镌刻
伯爵品牌格言

右图：
制表工具抽屉，
1920年左右

后页：
仙子坡的旖旎风光

9.21
11-16
6.520
MGL
9-20P
8.3/4
8RBC

机芯的复杂结构决定了
其设计工作的超高难度，
一款新型机芯的设计往往
需要两到四年的时间来研发，
为此，工程师们需要满足
结构美感方面的苛刻要求。

伯爵对独立性的追求源于对创造性的重视。一个活跃的设计工作室为品牌创新提供了不竭的动力源泉。在这里，通过与制表工坊内各类能工巧匠的长期交流以及对不同工艺和款式所涉及的各个制造环节的了解，新的创意逐渐成形。然而，表盘上任意一项功能设置出现更改，都会引起制表师们在上游的讨论，因为这可能影响到机芯的设计。而项链的制作方案，尤其是当珠宝大师和宝石学家密切合作时，可成形得快得多。

美妙绝伦的机芯

机芯的复杂结构决定了其设计工作的超高难度，一款新型机芯的设计往往需要两到四年的时间来研发。对于一款机芯而言，不论其功能如何，首先必须纤薄，其次还要符合对于结构美感的苛求，这对于工程师们有着特殊的要求。不论是普通超薄腕表系列，还是复杂功能腕表系列，伯爵在推陈出新时都创造了惊人的纪录。在总裁麦振杰（Philippe Léopold-Metzger）先生的执掌下，伯爵推出了25款超薄机芯，每一枚都立于市场制高点。其中14款为厚度不到3.5毫米的超薄机芯，另外11款为复杂功能超薄机芯。在这当中有搭载异形浮动陀飞轮的镂空机芯、手动上链相对陀飞轮机芯和双时区自动上链机芯、月相显示机芯、计时机芯、万年历机芯、陀飞轮机芯和三问报时机芯。这些机芯部件每分每毫米都不放过，全赖于制表大师和能工巧匠多年经验所锤炼出的高超技艺。

前页，
由左至右：
制表工坊；
机芯装饰和倒角修饰

左图：
1290P超薄自动上链三问机芯

"每一次钟表制作，都像是在开启一段崭新的故事，这个故事中灌注了我们的使命。它拥有自己的灵魂，必将代代相传，并令后来者为之深深着迷。"
——制表大师GÉRARD LEROUXEL

Gérard Lerouxel是一位专业制表大师，主要从事复杂功能腕表的制作。对于他而言，缔造一款顶级腕表仅仅依靠技巧是远远不够的。"制作此类钟表，首先需要有足够的激情。当我们遇到棘手问题却又无法在工坊内立即解决时，我们要将这些疑问放在心里，在回家途中、夜半时分或与同事闲聊时，无时无刻不带着这些问题。有些难题可能会在午夜梦回时豁然开朗。这是因为，在退一步思考时，我们的观察角度和分析能力都会变得敏锐。"Gérard Lerouxel在修复18世纪和19世纪钟表大师杰作的过程中修炼出一身本领。今天，他将这份才能运用于伯爵复杂功能腕表的装配上，并将自身的无价经验传授于高级制表工坊的年轻工匠。在此，传统技法有着前沿科技无可替代的地位——正是对于手工艺的重视，令每一枚作品都独一无二。对于这位白发苍苍的制表大师而言，他的工作远远不只是一门手艺那么简单，更近似于一种"自得其乐"："有些事情只有钟表师才能体会。克服一个技术难题的手法足以作为一位钟表师的独门法宝和代名词。只有当我们有朝一日拆开机芯时，才会为它的精妙赞叹不已。这也是高级钟表的魅力所在。"

右图：
为一枚超薄自动上链三问腕表安装音簧

在这个环节中，眼力和手艺至关重要。就连那些肉眼不可见的部分，也力争在极致狭小的空间内做到完美。

机芯不同部位组件（夹板、表桥、齿轮系统、小齿轮及快慢针）的模锻与制造均在数控机床上完成，以确保其精确度。一枚机芯可包含400多个零部件，每个零部件都要经过极为细致的手工打磨和装饰工序。多达14项的工序中包括：倒角打磨，磨光圆纹、日内瓦波纹、亮面打磨、雾面打磨及烤处理等。在这个环节中，眼力和手艺至关重要。就连那些肉眼不可见的部分，也力争在极致狭小的空间内做到完美。而对于镂空机芯的加工，挑战尤为艰巨。因为需要在确保金属强度的前提下，尽其可能地将每个部件镂空——镂空的部分愈多，愈能展现机芯的魅力。伯爵融合了多项独树一帜的工艺，将机芯装饰艺术推向极致。伯爵顶级机芯上被镶饰钻石，而机芯主夹板和其它零部件则为金质。为了成功实现这一高难度的装饰工序，机芯须在结构上进行彻底的重新构思。这项精致工艺的缩影，是一枚镂空镶钻自动上链陀飞轮，机芯正反面均镶饰有圆形或方形美钻，甚至在机芯侧面，还有部分螺丝顶部亦然。

左图：
制作中的超薄
镶钻镂空机芯

制表大师凭借灵巧双手组装着厚度往往还不及一根发丝的零件。他们虔诚地等候着第一下“嘀嗒”声——那是新生腕表杰作心脏勃动的神圣时刻。

对复杂功能的满腔热忱与卓越超薄技艺的结合实属意料之中。组装如此小巧的组件需要格外娴熟的技艺，这样才能将整个机芯压缩进两毫米的厚度中。至于三问机芯，我们很难想象在4.8毫米的厚度内竟能容纳407个零部件。这也是为什么高级制表工坊内始终笼罩着一丝神秘气息，这里的制表大师负责经手卓越复杂功能腕表的所有工序，从组装一直到装壳。经过日日夜夜的精工细作，这些复杂功能腕表才被制表大师的灵巧双手赋予了鲜活的生命。有时，组装全部的零件需要花上一整个月，其中很多零件还不及一根发丝的厚度。他们虔诚地等候着第一下“嘀嗒”声——那是新生腕表杰作心脏勃动的神圣时刻。组装完成后，制表大师仍会对机芯的运转进行为期数周的检测、监控以及最终调校，经过这些环节，钟表作品方能走出工坊。对于Gérard Lerouxel而言，钟表制造好比上帝创造生命一般奇妙：“每一次钟表制作，都像是在开启一段崭新的故事，这个故事中灌注了我们的使命与热情。它拥有自己的灵魂，必将代代相传，并令后来者为之深深着迷。”

对伯爵而言，机芯造型也是腕表美感中不可或缺的一部分。比如不同凡响的相对陀飞轮机芯，其框架位于表盘之上，悬浮在分针另一端。就像被魔力驱动一般，陀飞轮框架每分钟自转一圈，每小时沿表盘转动一圈。这项杰作经由雕刻大师和珐琅大师之手，得到进一步升华，诞生出巧夺天工的腕表作品。腕表装饰可根据顾客的想法度身定制，造就真正独一无二的非凡时计。

右图：
采用大明火内填
珐琅装饰的
Piaget Polo
Tourbillon Relatif
相对陀飞轮腕表

PIAGET

PIAGET

在抛光师和车削师的如炬目光下，
以各种工具来进行亮面打磨、
雾面打磨、抛光、金刚钻修整。
黄金这种珍贵材质依靠大师们
一点一滴的加工，得以实现
其丰富的美学内涵。

黄金盛世

在伯爵Plan-les-Ouates制表工坊，黄金被视为最重要的材质。它会被整块锻造成表壳，以备搭载仙子坡制表工坊所生产的贵重机芯，也会被拉伸成金线，织成曼妙的黄金链带——再次处处体现尖端技术与传统工艺的完美结合。

在搭载机芯之前，表壳的制造需经历六十多道工序。在经过高压冷锻造之后，表耳、表圈与底盖还需经过车削、铣削、型槽轧制、钻孔等各种加工，以满足一系列严苛的美学规范。在抛光师和车削师的如炬目光下，以各种工具来进行亮面打磨、雾面打磨、抛光、金刚钻修整。黄金这种珍贵材质依靠大师们一点一滴的加工，得以实现其丰富的美学内涵。不同处理效果的融合是伯爵的特质，藉由亮面与雾面交错打磨所带来的对比表露无遗。使用传统的砂轮及其各种磨料、毛刷、毡笔乃至金刚石刻刀等工具，则令曲线曼妙，线条更具张力。经由娴熟工匠手工打造的表壳准备就绪，只待搭载专属于它的机芯了。

前页：
制作中的Piaget Polo Tourbillon Relatif相对陀飞轮腕表，该表款以大明火内填珐琅装饰诠释威尼斯主题。独一珍品，2006年

左图：
一枚表肩的雾面打磨

每一条饰链都有其特定用途，大师们日积月累，饰链种类也日益丰富。

珠宝与饰链工坊堪称名副其实的工艺宝库，其非凡而令人称羡的地位也体现着工匠对于品牌的忠诚：Michel Grantcola是一名珠宝饰链大师，曾就职于日内瓦Ponti Gennari公司，1969年随着企业被并购而进入伯爵。他虽退休已久，但对于自己的手艺如同过去一样充满热情，对学习新兴事物抱持着无尽渴求。“对我来说，这无关个人抱负。我唯一的愿望是设计出令竞争对手瞠目结舌的伯爵新作——而他们完全不知道这是如何办到的！”链带的制作始于一段金属丝，它们被缠绕于芯轴之上盘成线圈，然后被切割开来连接成环，根据组装方式可以变幻出无限的图案。每一条饰链都有其特定用途，大师们日积月累，饰链种类也日益丰富。有时一种新链带的诞生竟然来自于一次事故或者偶然。“有一天我正在安装锁扣时，一个金属碎屑掉入了工具里，在链带的表面留下了划痕。于是我们叫来一个装饰设计师构思一项设计以隐藏缺陷：我们特意在表面上反复打磨出划痕，创造了一个全新的限量版链带。还有一次，大概在1975年，我们在制造一个连接式表带。我想到将一个小缆绳添加到侧面上。我们的工坊负责人半信半疑，他建议我先切割好这些部件，再按照方格棋盘造型将其组装。一条全新的链带就此诞生了，并一直作为我们的链带系列之一生产至今！”

Michel Grantcola天生就是演说家。近几年，已经退休的他在企业里致力于讲解古老技艺，伯爵要将其发扬光大、永续传承。这些技艺历经千锤百炼，至臻完美，其中不乏由经验习得的诀窍以及熟练应用而获得的巧技。他如数家珍，毫不掩饰在保护饰链艺术宝库免于灭绝一事上的自豪感。在漫长的职业生涯中，他经常在数百条饰链样本中寻求灵感，其中蕴含着宝贵财富、令人仰止。“成千上万小时的探索、试验、发明——这是一辈子的学识。”他的女儿继承了他的衣钵，而儿子则进入了伯爵机芯工坊，成为了一名制表师。父子三人身上凝聚了伯爵的珍贵价值：家族精神、职业激情以及对于传统的敬重。

前页：
镶嵌一只高级珠宝手镯

右图：
手镯表链带链节的初加工

环圈的锯削

环圈的成型加工

链带的组装

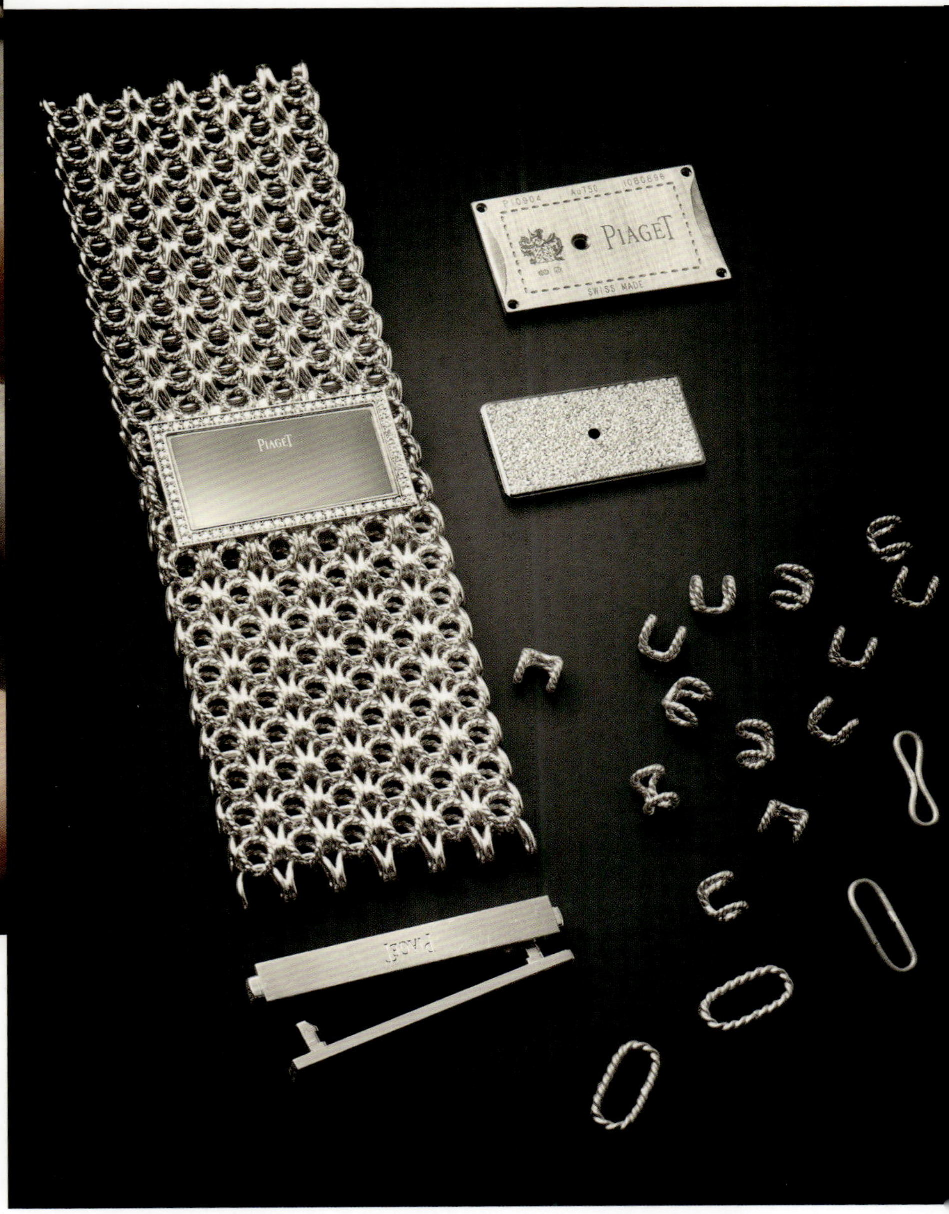

表扣安装前的准备

在这个工坊里，灵巧并非唯一所需品质，还需要借助想象力和创造力，在这里设计变为现实，黄金和宝石制成立体作品，实现设计师的初衷。

珠宝的魔力

在伯爵工坊，黄金藉由珠宝师的灵巧双手和充满创意的头脑，与珍贵宝石合璧。两者在这个工坊里同样重要、缺一不可，在这里设计变为现实，黄金和宝石制成立体作品，实现设计师的初衷。制作蜡模可以检测宝石的位置及其大小的契合度，使之与珠宝整体结构相匹配。然后珠宝师借助钳子、锯子和锉刀等工具，加工黄金或铂金打造镶座，用于镶嵌宝石。独特的网眼技法，保证了珠宝灵活流畅。珠宝师和设计师会一同测试成品，确保它忠于设计，佩戴舒适，姿态优雅。

右图：
一枚高级珠宝神秘表
的水彩设计稿

借助蜡模设计各种造型

将黄金材质冲制成零部件

调整镶嵌方式

检验宝石镶嵌效果

PIAGET
PIAGET

每一块宝石都凭借其特有的美感和历史为作品注入了独特的情感。宝石镶嵌师身负重任。他们的工作充分诠释了何谓眼光独到，操作精确的光影艺术家，他们深谙如何布置这些宝石，以呈现其最佳效果。

伯爵的宝石学家们穿梭于世界各地寻找创作所需的宝石。有时可能历经数月才能找到那些满足颜色、净度以及切工等严苛标准的宝石。不过在极偶然的情形下，与一种特殊宝石的邂逅也可能反会催生出一款全新的设计。就像这颗祖母绿已经在哥伦比亚埋藏了6000万年，在被发掘几年之后被切割并推荐给伯爵，制成了美丽的珠宝。每一块宝石都凭借其特有的美感和历史为作品注入了独特的情感。

要精心完成贵金属与宝石的联姻——宝石镶嵌师身负重任。他们耐心地加工黄金或者铂金作为宝石的镶座，并根据宝石的大小、形状以及位置等选择如粒面镶、爪镶、包镶或者隐形镶嵌等镶嵌方式。他们的工作充分诠释了何谓眼光独到，操作精确的光影艺术家，他们深谙如何布置这些宝石，以呈现其最佳效果，和谐一体。不过最能体现他们绝妙技艺的要数规整宝石镶嵌。宝石的形状和切割整齐划一，以确保连贯流畅的装饰效果。数小时乃至数百小时的工作后，精美作品得以成型。贵金属全部经过抛光处理，即使在不可见的部分也不例外，令腕表或珠宝更加光彩夺目。毋论是腕表还是珠宝，最终所呈现的作品都将再一次闪耀印证自1874年品牌创立之始就绝无妥协的至高标准。

前页，
由左至右：
宝石镶嵌的准备工作；
质量检测

左图：
制作中的高级珠宝项链

抛光

各部件的组装

中央宝石镶嵌前的准备工作

极致纤薄

纵观伯爵历史，这座制表工坊以极大的决心探索极限超薄，高擎追求卓越的旗帜，成为制表领域的翘楚。

征服超薄

自1913年以来，伯爵便以超薄零部件专家的身份在顶级钟表制造商中傲视群雄。秉承对高级制表巅峰的不懈追求，伯爵不仅打破了技术上的纪录，也塑造了品牌的独特风格，有时低调极简，有时大胆巧饰。镶嵌于硬币中的腕表将伯爵在超薄制表艺术领域的精深造诣展现得淋漓尽致。1946年，一位记者在巴塞尔钟表展（Foire de l'Horlogerie de Bâle）采访完乔治·伯爵（Georges Piaget）的展位之后这样写到："藉由这次展会之机，我们见到一枚凿空的金币，它内嵌了一枚小巧迷人的腕表——它是一枚真正的超薄时计杰作"（*《日内瓦日报》*，1946年5月8日）。隐藏作品真实时计功能的想法催生了一系列神秘腕表，其中就包括著名的金币表。腕表金光璀璨，并将该项技术壮举内化于作品之中，正如当时广告标语所说：*"举世至薄"（The thinnest in the world）*。

1950年代末与1960年代初，伯爵成为超薄机芯领域毋庸置疑的领跑者，这一荣衔一直伴随制表工坊至今。1957年，9P手动上链机械机芯的问世是伯爵成功之路的开端，这款机芯引发了制表史上的一次革命。在此之前，女士腕表的表壳往往较为厚重，直径只有约1厘米，不借助放大镜读取时间几乎是不可能的。9P超薄机芯的厚度仅为2毫米，与此同时却能够将表盘的直径放大至20.5毫米，即9法分（制表领域专用精确测量单位，1法分＝2.2558毫米）。在这种宽大的表盘上，时标更易读取。更为不凡的是，采用超薄机芯之后，制表工坊在打造表壳、表盘和表带等外部组件时展现出更加天马行空的创造力。风格方面，两条指导规则被同步采用：男士超薄表款以简洁为主，低调纯粹的表壳和表盘成为主流；而女士表款则讲求多彩而细腻的细节装饰。宝石镶嵌令表盘更为多姿多彩，为时间读取带来了新的革命，让创造力得以尽情挥洒。随后，伯爵设计出项链表和手镯表，为钟表赋予了全新的佩戴方式。

前页：
Piaget Altiplano 900P
超薄腕表，2014年

伯爵带来了一个新纪元：用于指示时间的时计如同珠宝一般优雅多姿。

制表史上的里程碑

超薄技术为高级制表和高级珠宝的融合创造了可能性。伯爵时计一直保持优雅的风范，无论使用何种镶嵌方式都能令佩戴者舒适无比。时计与首饰的结合带来了以往制表领域所不存在的巨大创新潜力。这无疑是一场革命，令怀疑论者和因循守旧者茫然，给当时依附于传统的制表业带来极大震撼。伯爵带来了一个新纪元：用于指示时间的时计如同珠宝一般优雅多姿。如果说是9P机芯对女士表款的样式带来了决定性的影响，那么瓦伦汀·伯爵（Valentin Piaget）开发的全新机芯则为品牌赢得了男士顾客群体的赞誉。1958年5月8日，他申请了一项专利，这项专利与设于自动上链腕表上的独特摆陀布局有关。这款机芯因其12法分（约28.1毫米）的直径而被命名为12P，与专门为其设计的男士表款的尺寸完美搭配。其更具魅力之处在于仅为2.3毫米的厚度，这标志着制表工坊在追求超薄的道路上迈向了新的征程。12P机芯包含Complications SA公司名下的其他几项专利部件，该公司于1945年被伯爵收购。12P机芯于1960年在巴塞尔钟表展上亮相，引起了爱表人士的狂热追捧。此款机芯的摆陀以24K金打造，尺寸经过缩减并采用偏心设计，它不再设置于机械结构之上，而是融入机芯之中，其卓绝的性能令媒体欣喜若狂。极具影响力的《日内瓦日报》将1960年12P机芯的问世比作"制表史上一次具有跨时代意义的事件。"1960年4月27日发行的《日内瓦日报》中这样写道："打造厚度仅为2.3毫米的自动上链机芯如同乌托邦一样遥不可及。仙子坡制表工坊的整个研发团队值得为他们在制表史上书写的最辉煌篇章而自豪，值得为他们的先驱精神而自豪。"

12P机芯的直径比9P机芯大，可以为男性群体奉上一款比以往更大、更纤薄的自动上链腕表。这对伯爵的竞争对手来说无疑是枚重磅武器，它可是当时"唯一的一款自动上链超薄腕表"。这款革命性机芯被伯爵独家运用于自家表款，而供应给其他品牌的则是基础机芯，确保伯爵独树一帜的风格无法被复制。

1945年制表工坊建立之初，富有远见的伯爵家族便已预料到这家企业的未来发展方向。9P机芯和12P机芯对生产工艺苛求甚严，为此制表工坊在尖端设备方面做出了巨大的投资。无论是在制造极致轻薄的齿轮、表桥与摆轮夹板，还是将这些部件装配成精密的机芯，伯爵的制表师们都必须经过特殊的高级制表训练。

后页，
由左至右：
超薄腕表，1980年；
9P手动上链超薄机芯，1957年；超薄腕表，1960年；12P自动上链超薄机芯，1960年；12P机芯荣获的专利，1959年

PIAGET
SWISS

PIAGET
0201187
SWISS
TO TEMPERATURE
ADJUSTED FIVE POSITIONS

PIAGET
Automatic
SWISS

PIAGET
THIRTY 30 JEWELS
SWISS
12P
635056
6ADJ
PAT.
24 CARAT

N° 339571 **EXPOSÉ D'INVENTION** **N° 339571**

CONFÉDÉRATION SUISSE

BUREAU FÉDÉRAL DE LA PROPRIÉTÉ INTELLECTUELLE

Classification : **83 a, 5/18**
[83 a, 5/16 ; 83 a, 37/04]

Demande déposée : 8 mai 1958, 17 1/2 h.

Brevet enregistré : 30 juin 1959

Exposé d'invention publié : 31 août 1959

BREVET PRINCIPAL

Complications S. A., La Côte-aux-Fées (Neuchâtel)

Pièce d'horlogerie munie d'un dispositif de remontage automatique

Valentin Piaget, La Côte-aux-Fées, (Neuchâtel), est mentionné comme étant l'inventeur

La présente invention a pour objet une pièce d'horlogerie munie d'un dispositif de remontage automatique. Il existe actuellement des pièces d'horlogerie automatiques, dans lesquelles la masse rotative provoquant le remontage automatique lors de chaque déplacement de la pièce d'horlogerie est disposée excentriquement par rapport à l'axe des aiguilles. Cette disposition a permis une simplification du montage de la pièce d'horlogerie, ainsi qu'une réduction de sa hauteur, par rapport aux pièces d'horlogerie automatiques connues depuis plusieurs dizaines d'années et qui comportent une masse rotative coaxiale aux aiguilles.

La pièce d'horlogerie selon l'invention comporte une masse rotative disposée entre la platine et un pont du mouvement, excentrée par rapport à l'axe des aiguilles et dont l'axe est pivoté par ses deux extrémités dans la platine et le pont ; cette pièce d'horlogerie est caractérisée par le fait que le rayon de cette masse est plus grand que la distance entre cet axe et le bord périphérique de cette platine, un évidement pratiqué dans le boîtier de la pièce d'horlogerie donnant passage à cette masse rotative.

Le dessin annexé illustre, schématiquement et à titre d'exemple, une forme d'exécution de la pièce d'horlogerie. Dans ce dessin, seuls les organes et éléments nécessaires à la bonne compréhension du fonctionnement de la pièce d'horlogerie sont représentés.

La fig. 1 est une vue en plan d'une montre, certaines parties étant vues en coupe.

La fig. 2 est une vue de profil à plus grande échelle et partiellement en coupe.

La fig. 3 est une vue partielle en coupe illustrant le montage de la masse rotative et du premier mobile du dispositif de remontage automatique.

La montre représentée au dessin annexé comporte, à l'instar d'autres pièces d'horlogerie connues, un boîtier constitué par une carrure 1 portant un fond 2 et une lunette 3. Un mouvement d'horlogerie 4 est fixé à l'intérieur de ce boîtier par pincement du bord périphérique de sa platine 5 entre le fond 6 d'une gorge annulaire 7 de la carrure et le cadran 8 sur lequel agit le bord interne 9 de la lunette.

La platine 5 présente, à une distance d de son bord périphérique, un palier 10 dans lequel tourne librement l'une des extrémités d'un axe 11 dont la seconde extrémité tourne librement dans un palier 12 aménagé dans un pont 13 fixé rigidement à la platine de la manière connue au moyen d'entretoises non représentées. Ce pont 13 est situé dans le même plan c que les autres ponts du mouvement 4.

Une masse rotative 14 est fixée rigidement sur l'axe 11 approximativement dans le plan médian a du mouvement 4. Cet axe 11 porte encore un pignon 15 situé sur l'un des côtés de la masse rotative et engrenant avec une roue dentée 16 fixée sur un axe 17 dont les extrémités tournent librement dans des paliers 18 et 19 aménagés respectivement dans la platine 5 et le pont 13. La distance b séparant l'axe de la roue 16 de l'axe de la masse rotative 14 est plus grande que le rayon e de cette masse. Cette

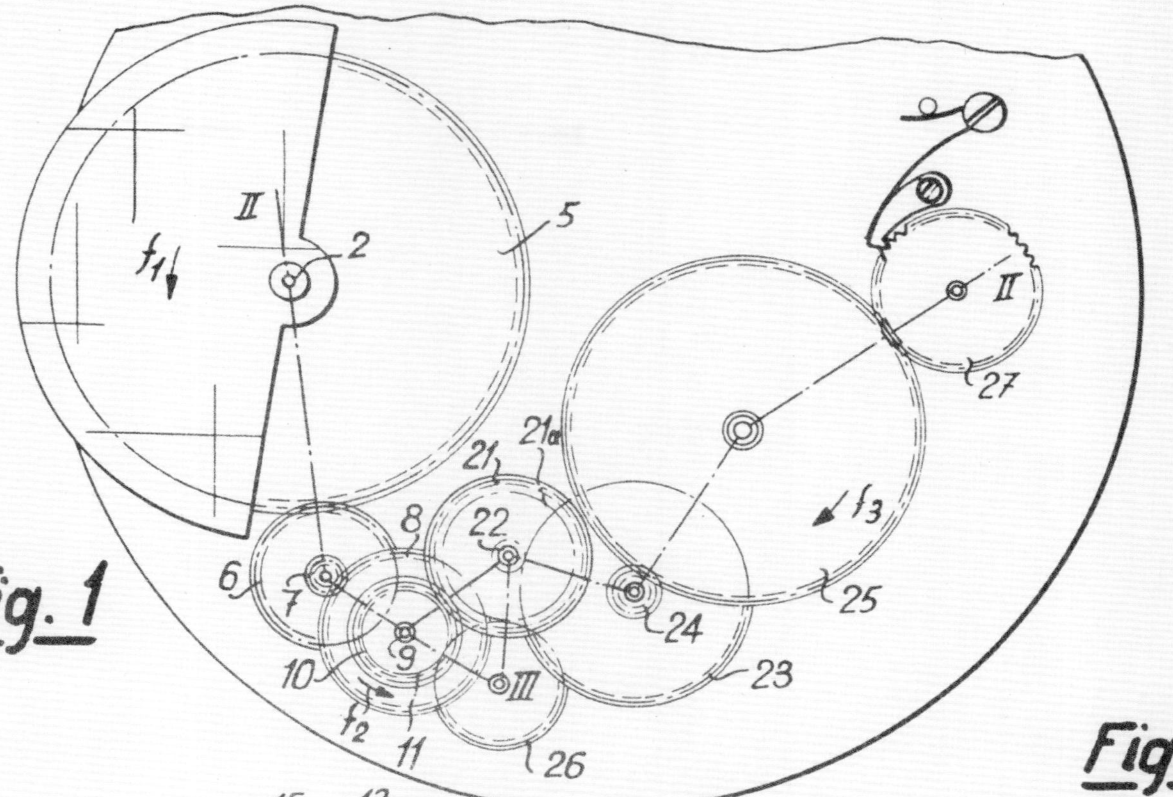

Fig. 1

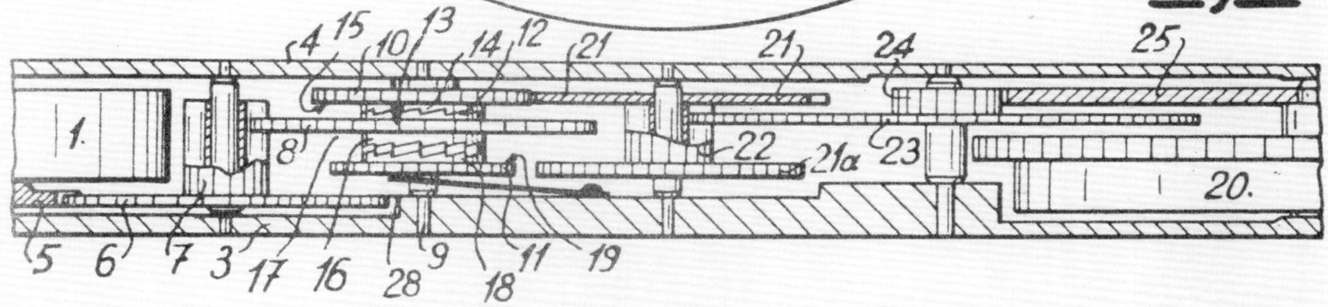

Fig. 2

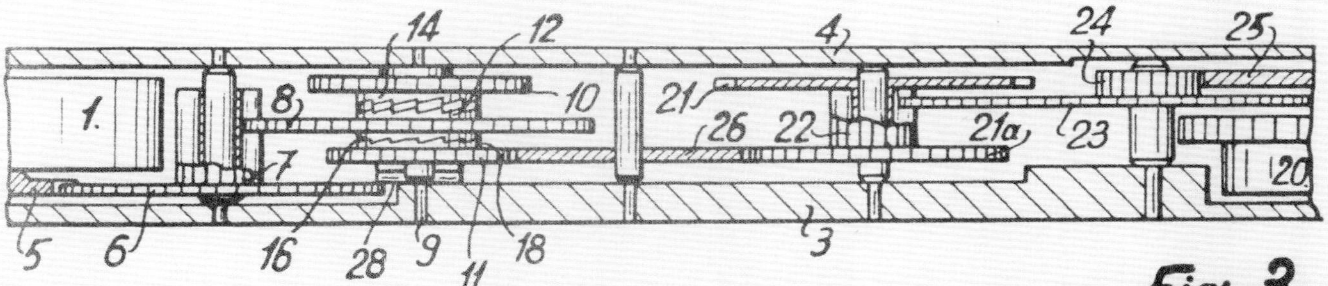

Fig. 3

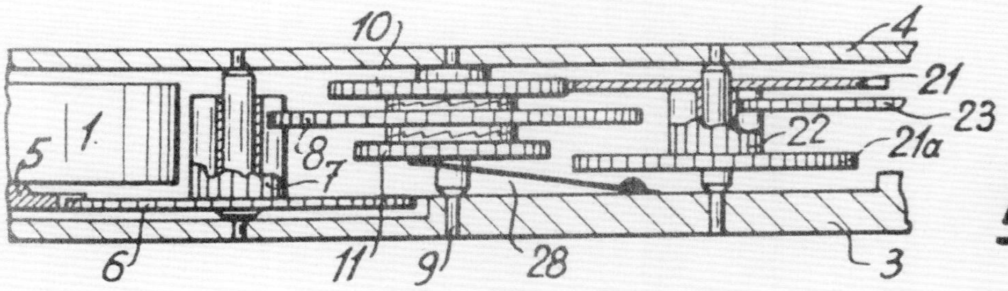

Fig. 4

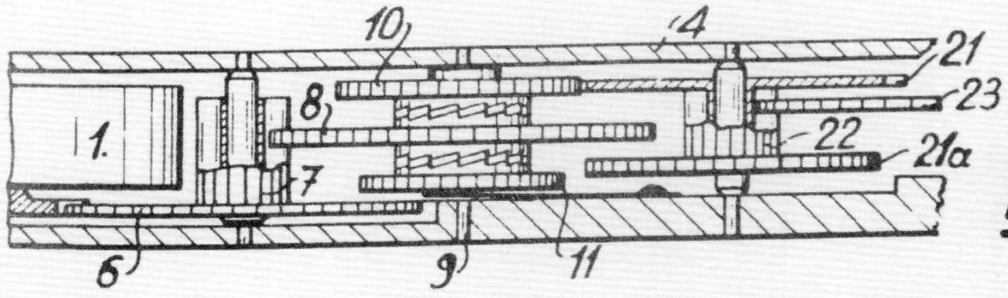

Fig. 5

PIAGET
Automatic

前页，
由左至右：
曾为阿兰·德龙（Alain Delon）所有的超薄腕表，1963年；
阿兰·德龙和莱斯利·卡伦（Leslie Caron），1966年

对超薄的不懈探索

1960年代末，石英机芯的问世撼动了伯爵制表工坊的世界。总的来说，第一批的电子机芯（如Beta 21）体积相当大。伯爵利用它打造出众多外形各异的腕表。然而在同时，制表工坊内部正在酝酿一场新的革命。1976年，全球最纤薄的石英机芯——7P机芯诞生。这枚性能卓越的机芯厚度仅为3.1毫米，搭载于Piaget Polo等系列腕表之中。伯爵制表工坊在当时占据市场主要份额的石英腕表领域留下了自己的印记。然而同年问世的全新4P手动上链机芯则丰富了其机械机芯的阵营。这款机芯拥有小巧的外形和极致纤薄的特性，主要为女士珠宝腕表而打造。经由4P的面世，伯爵重申了对于传统制表工艺的坚守——此类工艺的代表即是如今已成传奇的9P和12P机芯。

问世于1998年的430P机芯是9P的接班人。它搭载于以Altiplano高原命名的超薄腕表系列中。这一安第斯山脉上的高原是南美大陆的主宰者，那是一片纯净美丽，然而荒芜贫瘠、路途艰险的大地，只有意志最为坚定者方能涉足——没有什么比这更能代表追求超薄的征程是何等道阻且长。不断扩充的超薄腕表家族阐释着超薄的精髓所在。438P机芯丰富了430P机芯的阵营，这款问世于2005年的机芯采用长方形设计。次年，伯爵制表工坊推出以830机芯为首的全新机芯家族。830P除了超薄，还具有更长的动力储存和衍生功能，例如838P机芯在10点钟位置增加了小秒针显示功能。430P、830P等超薄机芯为伯爵制表工坊在复杂功能领域的创新探索打下了坚实基础。

2003年，伯爵以其特有的方式在600P机芯上对陀飞轮进行了全新的演绎。美学与优雅一贯引领着伯爵品牌的技术研发方向，异形浮动陀飞轮机芯的制造正是践行了这一准则。这一特殊的陀飞轮装置悬浮于表盘之上，令人能够一窥精心打造的钛金属框架的动态美。整个陀飞轮装置由42枚零部件组成，总重量不超过0.2克。这一机芯一经问世，就创造了其所在类别的最纤薄纪录。从此，伯爵确立了在复杂功能领域的发展方向。无论其搭载的何种功能——计时功能、万年历、飞返式秒针或者月相显示功能——都必须忠于伯爵腕表的纤薄特质。

2010年，为纪念12P机芯问世50周年，伯爵推出一款厚度仅为5.25毫米的自动上链腕表，它搭载厚度仅有2.35毫米的1200P自动上链机芯。直径29.9毫米的机芯可以完美搭配大尺寸表款。这款机芯的微型摆陀采用偏心的一体式设计，显然是在表达对瓦伦汀•伯爵的敬意。镌刻着伯爵家徽的摆陀采用铂金打造而成，这种材质令其拥有极大的重量，从而获得极大的惯性以确保卓越的上链性能。

伯爵于2003年推出首款陀飞轮机芯，坦然展现机芯内涵之举登峰造极，这成为品牌在拓展设计疆域过程中的识别印记。

零部件的厚度被削减至极限，部分齿轮厚度不过0.12毫米（普通齿轮为0.20毫米）。这款性能优异的超薄机芯的1208P版本在10点钟位置还备有小秒针——这是极为难得的机械成就。1200P及其衍生机芯让伯爵在复杂功能自动上链腕表领域达到了一个全新的高度。在2011年的日内瓦国际高级钟表沙龙上，伯爵推出了全球最薄的自动上链陀飞轮机芯——1270P机芯。两年后，伯爵更向前迈进一大步，推出了全球最纤薄三问腕表。品牌创始人的格言“永远做得比要求的更好”再一次被贯彻始终。

技术服务于设计

仙子坡制表工坊所追求的不仅仅是超薄。默契无间的合作让仙子坡制表工坊和日内瓦工坊内的能工巧匠们紧密联系在一起。表壳、表盘、蓝宝石水晶镜面为保护珍贵的机械结构而度身打造。使用黄金锻造的珍贵作品有着流畅的线条和细腻的触感。自1979年问世以来，Piaget Polo腕表以革命性的设计理念让表壳与表带融为一体、浑然天成。7年之后推出的Dancer系列腕表保持着对这种流畅顺滑的完美诠释——这种对细节的不懈追求源自于品牌机芯制造的专业精神。伯爵机芯的美感及其精致的细节装饰值得细细品味。因此，表底盖通常采用透明设计，有时还会去除整个表盘以完整展现镂空机芯的工艺之美——这对于在极尽纤薄的部件之上进行镂空的工匠不啻于一场豪赌。经过镂空的部件更显精致，然而在追求美感的同时也要确保机芯的坚固。在伯爵，技术永远为设计服务。伯爵早于1931年就在高难度的镂空工艺方面有所涉猎，彰显了在该领域的超凡技艺。9P机芯以及之后问世的830P机芯和1200P机芯均推出过镂空款式。伯爵于2003年推出首款陀飞轮机芯，坦然展现机芯内涵之举登峰造极，这成为品牌在拓展设计疆域过程中的识别印记。钻石作为伯爵钟爱的材质，在部分镂空机芯上也扮演重要角色，其中就包括2005年问世的600D浮动陀飞轮机芯，它是世界上首枚镶钻镂空机芯。为便于镶嵌，伯爵以18K金打造夹板，机芯幻化为似珍贵蕾丝般的闪亮杰作。

后页，
由左至右：
430P手动上链超薄机芯，1998年；Piaget Altiplano手动上链超薄腕表，1998年；Piaget Altiplano超薄腕表，2009年；838P手动上链超薄机芯，2007年；600P手动上链超薄陀飞轮机芯，2003年；Piaget Empepador手动上链超薄陀飞轮腕表，2003年；Piaget Emperador自动上链陀飞轮腕表，2013年；1270P自动上链超薄陀飞轮机芯，2011年

SWISS
430P
MANUFACTURE
PIAGET

PIAGET
SWISS

PIAGET

SWISS
NINETEEN (19) JEWELS
PIAGET
MANUFACTURE

800P
SWISS
MANUFACTURE PIAGET
TWENTY-FOUR (24) JEWELS

45
15
PIAGET
30
20
10
SWISS MADE

MANUFACTURE
PIAGET
1270P

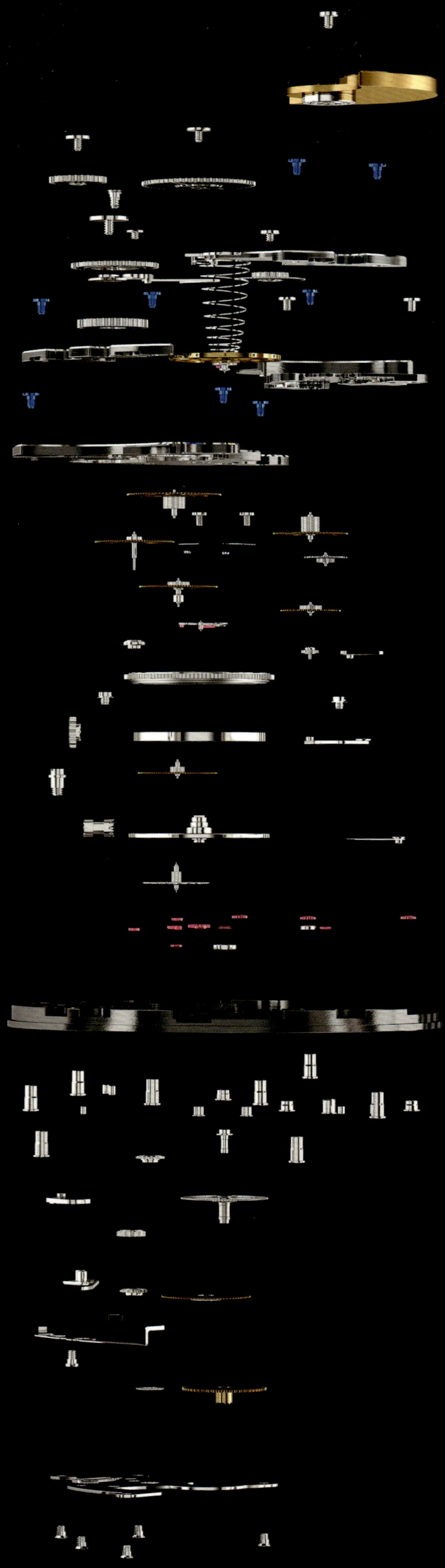

左图：
1208P机芯分解图，
包含191枚零部件

后页，
由左至右：
1208P自动上链超薄机芯，2010年；
Piaget Altiplano自动上链超薄腕表，2010年；
Piaget Altiplano 900P手动上链超薄腕表，2014年

全新的革命

一款革命性的腕表新品伴随着品牌创立140周年纪念而生。这款历时三年研发而成的杰作有着一个相当低调的名字：Altiplano 900P超薄腕表，以此向富有传奇色彩的9P超薄机芯致敬。伯爵以Altiplano 900P在钟表史上书写出全新概念的篇章，创下又一项超薄纪录。机芯与表壳合而为一，表底化作主夹板，145枚零部件直接安装在底壳上，令腕表纤薄至极点。机芯采用上下反转结构，表桥位于靠近表盘一侧。为减小腕表的厚度，整枚机芯及指针系统均尽量压缩，厚度薄于平衡摆轮，时、分针偏心式显示。

Altiplano 900P超薄腕表厚度仅为3.65毫米，彰显出制表工坊勇于挑战、不断追求卓越的创造激情。伯爵人一直都是梦想家，但不知他们可曾预见有朝一日技艺之间可以实现如此超凡的融合，这完全要归功于1960年代收购黄金与珠宝制作工坊的明智之举。

为了回报Altiplano这片赋予其灵感的高原，伯爵自2012年起开始在这片玻利维亚的高原地区开展远程医疗网络的建设。这一行动由日内瓦大学附属医院（Hôpitaux Universitaires de Genève）和Artères基金会共同开展，旨在为Altiplano高原的偏远地区提供医疗诊断便利并提高医疗水平。其原理是通过互联网将偏远地区的医疗中心与大型医疗机构相连接。如此，病人就能够在离家较近的区域接受治疗，而通常情况下，他们接受来自大型医院的诊断几乎不可想象，有时转移地区则会为他们带来风险。除了聚居区极为分散的问题之外，玻利维亚Altiplano高原上人们的生存条件也极为严峻。极端气候、高海拔所带来的缺氧和饮用水缺乏为该地区的人口带来了极大的挑战。

SWISS MADE
TWENTY SEVEN (27) JEWELS
MANUFACTURE
PIAGET

PIAGET
AUTOMATIC
60
10
20
30
40
50
SWISS MADE

PIAGET
TWENTY (20) JEWELS
900P
SWISS MADE

主要手动上链机械机芯

9P

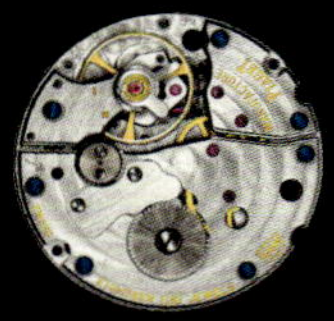
430P

438P

450P

830P

832P

835P

838P

838S

838D 正面

600P

600S

600D 正面

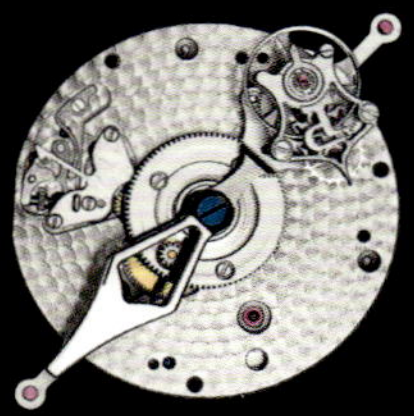
608P 正面

9P机芯，时、分显示。超薄，2毫米，1957年。
430P机芯，时、分显示。超薄，2.1毫米，1998年。
438P机芯，时、分显示。超薄，2.1毫米，2005年。
450P机芯，时、分显示，小秒针。超薄，2.1毫米，2006年。
830P机芯，时、分显示。超薄，2.5毫米，2007年。
832P机芯，24小时制小时显示，分钟显示。
超薄，2.5毫米，2010年。
835P三针一线机芯。时、分显示，飞返秒针，2009年。
838P机芯，时、分显示，小秒针。超薄，2.5毫米，2007年。
838S镂空机芯，时、分显示，小秒针。超薄，2.7毫米，2008年。
838D镂空机芯。18K金主夹板，镶嵌219颗钻石和8颗黑色凸圆形蓝宝石。时、分显示，小秒针。超薄，3.1毫米，2010年。
600P浮动陀飞轮机芯。时、分、秒显示，动力储存显示。超薄，3.5毫米，2003年。
600S浮动陀飞轮机芯。镂空。时、分、秒显示，动力储存显示。超薄，3.5毫米，2004年。
600D浮动陀飞轮机芯。镂空。18K金主夹板，镶嵌160颗钻石和7颗凸圆形蓝宝石。时、分、秒显示。超薄，3.5毫米，2005年。
608P相对陀飞轮机芯。时、分显示。浮动陀飞轮置于分针上，实现双旋转。双发条盒，2006年。

主要自动上链机械机芯

12P

500P

504P

551P

561P

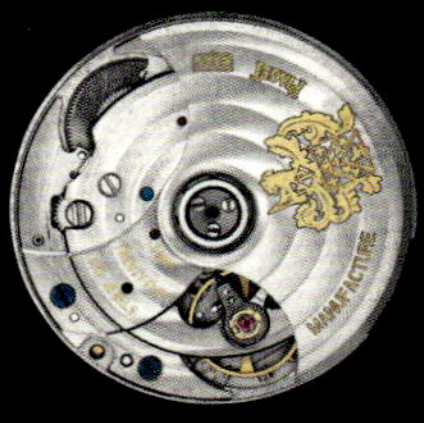
800P

855P

860P

880P

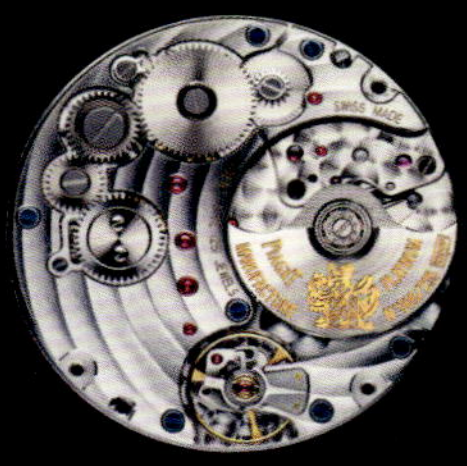
1200P

1205P

1200S

1200D 正面

1270P

1290P

12P机芯，时、分显示。24K金偏心式摆陀。超薄，2.3毫米，1960年。
500P机芯，时、分、秒、日期显示，1998年。
504P机芯，时、分、秒、日期显示，2001年。
551P机芯，时、分显示，小秒针，动力储存显示，2000年。
561P机芯，时、分显示，飞返秒针，日期显示，动力储存显示，2004年。
800P机芯，时、分、秒、日期显示。双发条盒，2006年。
855P万年历机芯。时、分显示，小秒针，第二地时间显示，昼夜指示与主时区同步，飞返星期、飞返日期、月份和闰年显示。双发条盒。超薄，5.6毫米，2008年。
860P机芯，时、分显示，大天文月相显示。双发条盒，2009年。
880P计时机芯。时、分显示，小秒针，飞返计时功能，配备计时盘，24小时制两地时间显示，日期显示。双发条盒。超薄，5.6毫米，2007年。
1200P机芯，时、分显示。偏心式铂金摆陀。超薄，2.35毫米，2010年。
1205P机芯，时、分显示，小秒针，日期显示。22K金偏心式摆陀。超薄，3毫米，2013年。
1200S镂空机芯，时、分显示。偏心式铂金摆陀。超薄，2.4毫米，2012年。
1200D镂空机芯，18K金主夹板，镶嵌259颗钻石和11颗黑色凸圆形蓝宝石。时、分显示。偏心式铂金摆陀。超薄，3毫米，2013年。
1270P浮动陀飞轮机芯。时、分、秒显示，背面动力储存显示。偏心式铂金摆陀。超薄，5.5毫米，2011年。
1290P三问机芯。时、分显示。偏心式铂金摆陀。超薄，4.8毫米，2013年。

Mouvements et Échappements à Ancre

Genres soignés en toutes grandeurs et épaisseurs
Porte-échappements à ancre
et à cylindre

Piaget Georges & Co.

COTE-AUX-FÉES (Suisse)

La Maison fournit les Mouvements plantés, ovales, rectangulaires et autres depuis 6 lignes
Fabrication et Vente d'Assortiments à ancre soignés en toutes grandeurs

FABRICATION DE PIERRES D'ÉCHAPPEMENTS

1916年

HORLOGERIE EXTRA-SOIGNÉE
GEORGES PIAGET & Co.
LA COTE-AUX-FÉES (Suisse)
MOUVEMENTS FINIS
en toutes formes, grandeurs et hauteurs
pour bracelets, pendantifs, bagues,
bijoux divers, monnaies.
15 à 17''' ultra-plats depuis 7/12
Fabrique d'Echappements à Ancre
FONDÉE EN 1874
TÉLÉPHONE 1
BAGUETTES
BRACELETS ET
PENDENTIFS
6,5×20 mm.
6,5×16 mm.
5,8×16 mm.

1930年

The thinnest
in the world
PIAGET
S. A. ANCIENNE FABRIQUE GEORGES PIAGET & CO., La Côte-aux-Fées/Switzerland
Established in 1874 Agencies still open for various countries
New-York, Montréal, Habana, Lima, Bombay, Paris, Athènes, Liège, Stockholm, Helsinki, Stuttgart, Hong-Kong

1940年左右

A NEW VICTORY...
The only truly ultra-thin automatic watch in the world . . . imagine, height of movement only 2,3 mm
12301 R 1
The only ultra-thin automatic water-resistant in the world. Universally adjustable bracelet. Case and bracelet executed in Switzerland. Available only in 18 karat gold.
Yellow $ 1550 White $ 1660
PIAGET
Send for illustrated brochures PIAGET, 610 Fifth Ave, New-York 20

1960年左右

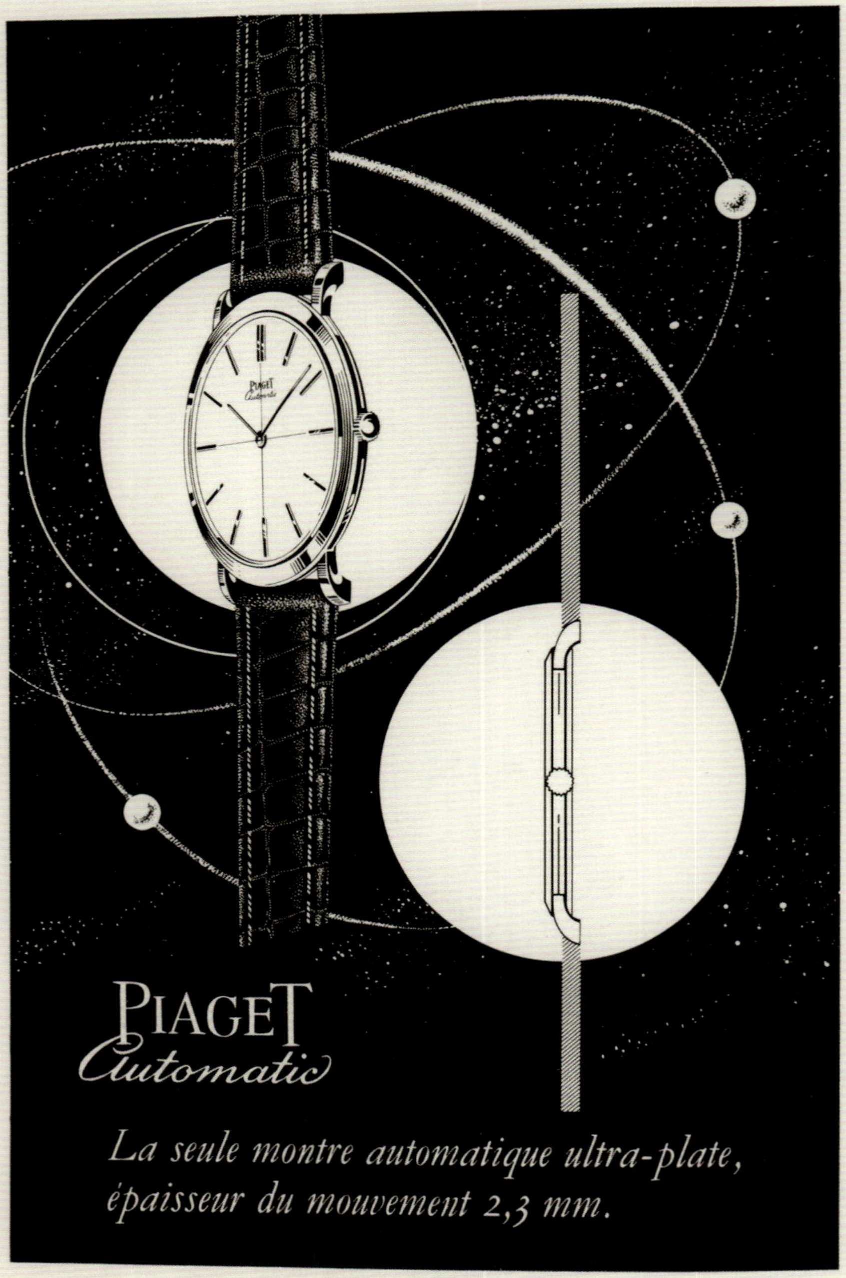
PIAGET
Automatic
La seule montre automatique ultra-plate,
épaisseur du mouvement 2,3 mm.

1960年左右

PIAGET
Spécialistes des montres les plus plates du monde
PIAGET
Dans l'esprit de l'homme et de la femme distingués aucun compromis n'est possible. Elégance et précision forment une entité: l'essence même de la distinction. Cette particularité s'applique aux montres Piaget, créations exclusives dues au génie artistique de l'horloger-artisan suisse.
Piaget, la montre de l'élite du monde. Vente exclusive auprès des meilleurs joailliers.
PIAGET
Symbole de perfection depuis 1874

1959年

黄金、色彩与前卫

伯爵特有的风格形成于1950年代末到1970年代末的二十年间。那个无边无际的创意井喷的年代，激发伯爵设计师的大胆创意与制表师和珠宝师的精湛技艺完美融合，成为品牌不断传承与发展至今的元素。黄金与色彩不分彼此，在一条前人从未踏足的领域中留下不可磨灭的印记。

前页：
手镯表，1970年

右图：
金币表，
1955-1981年

伯爵，黄金铸造大师

伯爵眼中，完美的象征、最为出类拔萃的材质便是黄金——这种备受尊崇的材质在伯爵手中从珍贵的材质转化为无价艺术品。自1940年代以来伯爵所擅长打造的金币腕表见证了这一切。1957年，伯爵决定仅使用黄金或铂金来打造腕表，因为唯有贵金属的价值才能代表伯爵超凡的追求，由此腕表的高贵质感与其内藏机芯的优越品质方能匹配。这一重要的决定促成了对黄金锻造工艺的整合，并为制表领域开创了一个独具特色的工艺门类。1961年，伯爵首次并购专门从事黄金锻造的工坊，力求将这一珠宝工艺完美融入钟表生产之中。这种自主生产能力使得伯爵能够深入探索的无限可能性。黄金，可以被大胆调色——黄色、白色、灰色、玫瑰色，辅以多样的润饰手段——哑光打磨、雾面抛光、明亮式抛光，还可利用不同的处理手法——雕刻、镂空、雕凿、锻打、打磨等等，营造出视觉与触觉上的迷人魅力。

瓦伦汀·伯爵掌舵时期的创意总监Jean-Claude Gueit回忆起伯爵先生对原型表款品质的评定方式时说："他会拿起腕表并将用手抚过表面，然后说：'它触感舒适，非常好，这将是一款非常美妙的腕表。'这正是精致链带之中所蕴藏的高品质感官体验。对于这些在业内被称作"砖砌拼接（mur de briques）"的饰链，伯爵将设想出无数种雕刻或轧制的图案来进行装点，它们有的来自于自然界，如皮革、树皮、海浪、海床、冰霜、草地、树叶，也有的来自精心设计的几何图案。

用链条结成的表带有着如同织物一样的柔顺，而织物则是一个用之不竭的灵感源泉。黄金在珠宝师们灵巧的手中，变幻成为织网、辫绳、缎带或是流苏，催生出拥有流畅佩戴感的格调。

1895
WINSTON CHURCHILL
JOANNES · XXIII · PONT · MAX
PIAGET
SWISS
1894

PIAGET

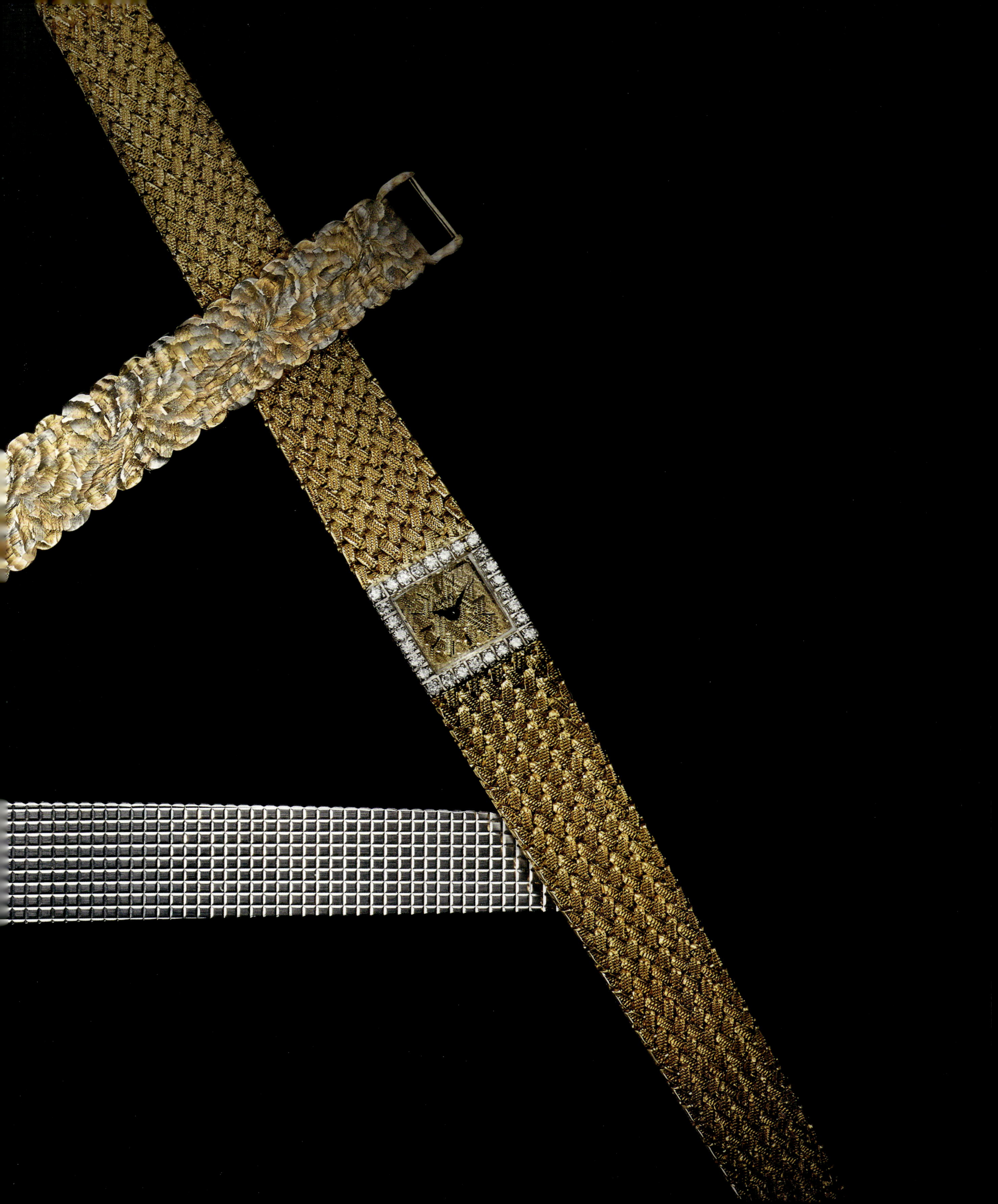

PIAGET
SWISS MADE
PIAGET
SWISS MADE

黄金在珠宝师们灵巧的手中，变幻成为织网、辫绳、缎带或是流苏，催生出拥有流畅佩戴感的格调。

斑斓的色彩

1957年亮相于巴塞尔钟表展的9P机芯拥有着仅2毫米的厚度和宽裕的直径，它为腕表美学打开了新气象，颠覆了制表界的规则——表盘可以变得更大，时间读取更为容易；更难能可贵的是，伯爵将借助它扭转腕表设计的方式。腕表设计不仅关注表盘外圈，或神秘表的表壳，伯爵转而关注表盘本身，赋予她以华美的视觉效果，从此塑造了独树一帜的伯爵风格。设计者全神贯注于表盘，寻找最摄人眼球的材质。彩色宝石、珊瑚和珍珠母贝显然在候选材料之中。还有青金石、绿松石、翡翠、虎眼石、鹰眼石、缟玛瑙、孔雀石……这些宝石构成了一个无与伦比的调色板，让设计师们捕捉所有的可能性、征服一切技术限制。伯爵不惜一切代价，实现最为绚丽的狂想。然而，这一任务艰巨无比——必须寻求一种方法将宝石切割成厚度仅为1毫米但又有足够大的平面，以便打造成表盘。伯爵召集最优秀的专家，研发出一种无可比拟的工艺。无论是嵌入指针还是安装底盖，每一步操作都需承担相当大的风险。然而经过一段时间的实验（当然还有无数表盘的损毁），伯爵完善了这一工艺。1963年起，三十余种不同的宝石被用于装点腕表珍品，由于它们的内包物、色彩差异与闪光效应，它们之间无一雷同。伯爵同样打造了多款极为简洁的腕表，除了本身的色彩外，没有其它过于纷繁的装饰。其他更为精致考究的表款则以宝石镶嵌表圈。圆形或马眼形切割的美钻，有时以红宝石、蓝宝石或者祖母绿为其增色，营造了极为优雅的对比。1967年被杰奎琳·肯尼迪（Jackie Kennedy）选中的一枚腕表便是一个完美的例证——翡翠打造的椭圆形表盘环绕圆形美钻，美钻之间被四颗祖母绿分隔，黄金打造的“树皮纹”链带则彰显伯爵特有的技艺。这一标志性表款如今隶属于伯爵私人典藏（Collection Privée）系列，如其知名的前任拥有者一样散发着极致的优雅气质。伯爵将宝石的色彩进行了巧妙的搭配。伯爵顺应欧普艺术（Op Art）的潮流，每次只采用至多两种宝石，用图形营造出令人惊异的效果：利用青金石与绿松石或孔雀石搭配营造相邻色效果，或是用缟玛瑙与珊瑚或带有虹彩的珍珠母贝搭配营造对比效果。色彩取决于天然石材的类别，而天然石

前页：
珠宝腕表，1962-1967年

左图：
珠宝腕表，2012年

后页：
超薄腕表，搭配硬质宝石表盘，1963-2012年

PIAGET
PIAGET
PIAGET
PIAGET
PIAGET
PIAGET

PIAGET
PIAGET
PIAGET

PIAGET
Automatic
PIAGET
PIAGET

PIAGET
PIAGET

PIAGET

前页，
由左至右：
超薄腕表，搭配硬质宝石表盘，1974-1979年；
双时区腕表，
1977-1978年

左图：
曾为杰奎琳·肯尼迪（Jackie Kennedy）所有的珠宝腕表，1967年

后页：
杰奎琳·肯尼迪（Jackie Kennedy），1967年

材也依其色彩被加工打磨。宝石的浑浊、透明、纹理或是折射率都需考虑在内。打造一枚腕表如同绘画，即便是腕表的功能也为其美学维度做出贡献——例如双时区腕表也许会呈现出一幅西洋棋盘的样子，而配备小时盘的腕表则会展现美钻环绕的同心圆盘。坚硬的宝石被用于装点表圈，有时甚至是腕表整体都被宝石覆盖，整体流畅无缝，这也成为伯爵所独有的风格特征。

“二十一世纪系列”，奇思妙想的杰作

自1969年起，在瓦伦汀·伯爵的领导之下，天马行空的创意创造出无数的可能性。“二十一世纪系列”打破了制表与珠宝领域的既定法则。珠宝和腕表成为以黄金和宝石打造的雕塑作品，并以手镯表、项链表或成套珠宝的形式呈现。伯爵作品在当时开创了业界先例，在巴塞尔钟表展上甫一亮相，就被*《日内瓦日报》*冠以“高级定制服装设计”的美名：“今年，无数款从翡翠、青金石、欧泊石、珊瑚、绿松石、虎眼石等珍贵宝石中裁切出的表盘彰显了伯爵制表大师对于色彩运用的独特造诣，不得不提的是，他们是这种独特艺术的创造者。”（*《日内瓦日报》*，1970年4月15日）自此之后，伯爵鼓励一切形式的奢丽风格，从而与乏味守旧的制表传统彻底决裂。

“二十一世纪系列”用自由的能量和全新的创造力促成了制表领域的一次深远变革。

知名的钟表史学家 Aurel Bacs认为，这些珠宝腕表都是前所未有的。这位苏黎世人于2003年至2013年期间担任佳士得拍卖行钟表事业部总监，1960至1970年代伯爵杰作的独特魅力令他深深着迷。“对于那些勇于探索、敢于突破的设计师们，我一向非常赞赏。我第一次接触伯爵腕表时，感到非常震惊。看着这枚腕表，我情不自禁地脱口而出：太令人

彩色宝石显然在候选材料之中。这些宝石构成了一个无与伦比的调色板，让设计师们捕捉所有的可能性。

PIAGET

PIAGET

前页，
由左至右：
珠宝腕表，1976年和1972年；Extremely Piaget极致伯爵系列高级珠宝指环，2014年；高级珠宝手镯表，1971年；高级珠宝腕表，1972年

右图：
手镯表，1969年

后页，
由左至右：
手镯表，1969年；
手镯表，1970年；
首饰，1969年；
手镯表，1970年；
腕表，1970年

难以置信了！居然有人敢于摒弃对称的设计方案，而用俏皮的设计理念让人感到妙趣横生却又丝毫不哗众取宠，无愧被尊为典范。除了视觉上的震撼，其卓越的工艺同样令我感到钦佩——这并非仅仅是一枚潮流物件。伯爵的精良工艺，尤其是黄金和镶嵌工艺在我看来是无可媲美的。令人难以置信的是，一枚20多年前的腕表居然如此具有现代时尚的隽永魅力。多么经典的杰作啊！”

伯爵品牌所独创的风格元素在这些表款中得到了极致的发挥，它们堪称用黄金和色彩谱写的华丽颂歌。这种贵金属被制作成链条或编织成网，时而用于制作灵活柔软的长项链，时而用于制作手镯表。下一刻，它又经过镂空、锻打、雕刻，化作刚硬的手镯。不对称的设计传递出一种贯穿整体的自由精神，激发着设计灵感。坚硬的珍贵石材被切削成较大的截面，用于制作宽大的表盘和机板，它们蕴含的内包物为腕表营造出与众不同的个性。它们还被打磨成珠状或者凸圆形，并如华贵的宝石一般被大胆地镶嵌——这颠覆了传统的珠宝制作理念。黄金与特殊的石材相互融合时，一种洛可可格调便应运而生。来自大自然的美得以呈现，以抽象美学的表现方式。

伯爵设计工作室源源不断的想象力来自于对设计、建筑、时装、音乐等艺术的兼容并包。设计师参加巴黎的时装秀，他们在那里捕捉流行趋势，设想出与这些时装相搭配的腕表、珠宝和配饰。

回到日内瓦之后，他们有时会将自己的想法描绘成设计草图并发表在时尚杂志上。从这些作品中，Aurel Bacs能够辨认出伯爵与时尚潮流同步的影子。他认为，这些作品中蕴含着一种时代精神，它们与艺术、建筑、设计、橘色的兰博基尼、绿色的苹果以及璞琪（Pucci）、迪奥（Dior）和圣罗兰（Saint Laurent）的时装有着异曲同工之妙，透过它们天马行空的色彩，能够窥见未来。它们令人回想起在他童年时代的家中，父亲用查尔斯·伊姆斯（Charles Eames）、维纳尔·潘顿（Verner Panton）、艾罗·萨里南（Eero Saarinen）、马歇·布劳耶（Marcel Breuer）和勒·柯布西耶（Le Corbusier）的作品所装扮起来的五彩缤纷的房间——在瑞士这样保守的环境下，展现如此的创意就如同雷击般的惊人！

这种贵金属被制作成链条或编织成网，时而用于制作灵活柔软的长项链，时而用于制作手镯表。下一刻，它又经过镂空、锻打、雕刻，化作刚硬的手镯。

PIAGET

PIAGET

PIAGET

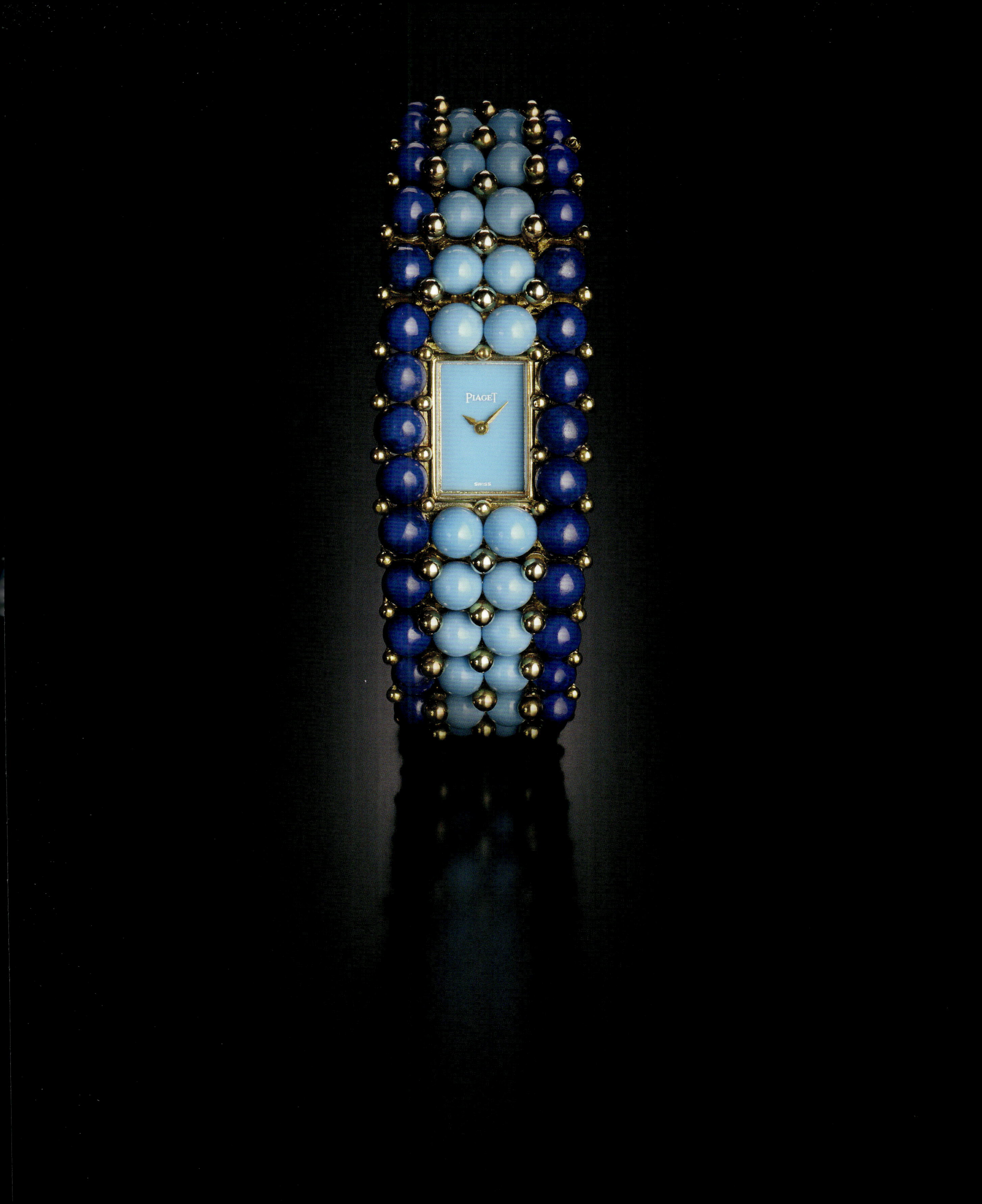
PIAGET
SWISS

1970年，艾文·潘恩（Irving Penn）为《*Vogue*》杂志美国版拍摄的照片，主角为马里莎·贝伦森（Marisa Berenson）。翡翠表盘怀表作为垂饰佩戴

PIAGET

PIAGET

伯爵所针对的客户群体是那种足迹遍布巴黎、纽约、日内瓦、罗马、圣特罗佩（SAINT-TROPEZ）、格施塔德（GSTAAD）、卡普里岛（CAPRI）、棕榈滩（PALM BEACH）等最为光鲜闪耀之地的优雅人士。为他们打造的作品堪称无与伦比的奢华艺术杰作。

伯爵所针对的客户群体是那种足迹遍布巴黎、纽约、日内瓦、罗马、圣特罗佩（Saint-Tropez）、格施塔德（Gstaad）、卡普里岛（Capri）、棕榈滩（Palm Beach）等最为光鲜闪耀之地的优雅人士。为他们打造的腕表和珠宝堪称无与伦比的奢华艺术杰作，以搭配他们的衣柜中的高级定制礼服，通常，它们也如同高级定制晚礼服一样，仅仅被佩戴一次。因此，一位女士通常拥有多款伯爵杰作，它们往往是因出席特定的场合、搭配特定的服装或是仅仅因为喜欢而购买。伯爵懂得如何通过聆听和回应顾客的需求来长久地赢得他们的青睐，更深知如何带给他们惊喜与震撼。

交流启发设计

自发性是一种必不可少的品质。为伯爵设计部效力40余年的Jean-Claude Gueit说到：创意产生的时候，如同大脑中灵光闪现。他的素描本一向是随身携带，他总是从自然界找寻自己的灵感。他从流动的线条、玩转的韵律和其他多种形式中汲取灵感，并使其成为其作品的独特印记。他毕业于日内瓦装饰艺术学院（école des Art Décoratifs de Genève），在从事设计之前，他曾经在珠宝行业历练数年，“手指都被锉刀磨平了”，这对他而言是非常重要的一个阶段。其多年的从业经验保证了行业间、设计师与珠宝师间的交流得以实现，而这种交流尤为重要，由此设计图纸将转变成一件珍贵作品。他认为设计师必须时刻保持思想上的新鲜感，而不必在意技术实施是否具备可能性：“别管技术上做不做得了，你尽管画就对了！”
伯爵的设计工作室是一处圣地。我们在那里探索所有可能的事情，以及或者说尤其是那些不可能的事情。“不能对想做的事情畏首畏尾，这样才能令瓦伦汀·伯爵满意。”，Jean-Claude Gueit

前页，
由左至右：
手镯表，1969年；
手镯表，1970年

左图：
詹尼·佩纳缇
（Gianni Penati）
拍摄的长项链表，
1970年

后页，
由左至右：
长项链表，1970年；
手镯表，1974年；
手镯表，1970年；
Extremely Piaget极致
伯爵系列高级珠宝指环，
2014年

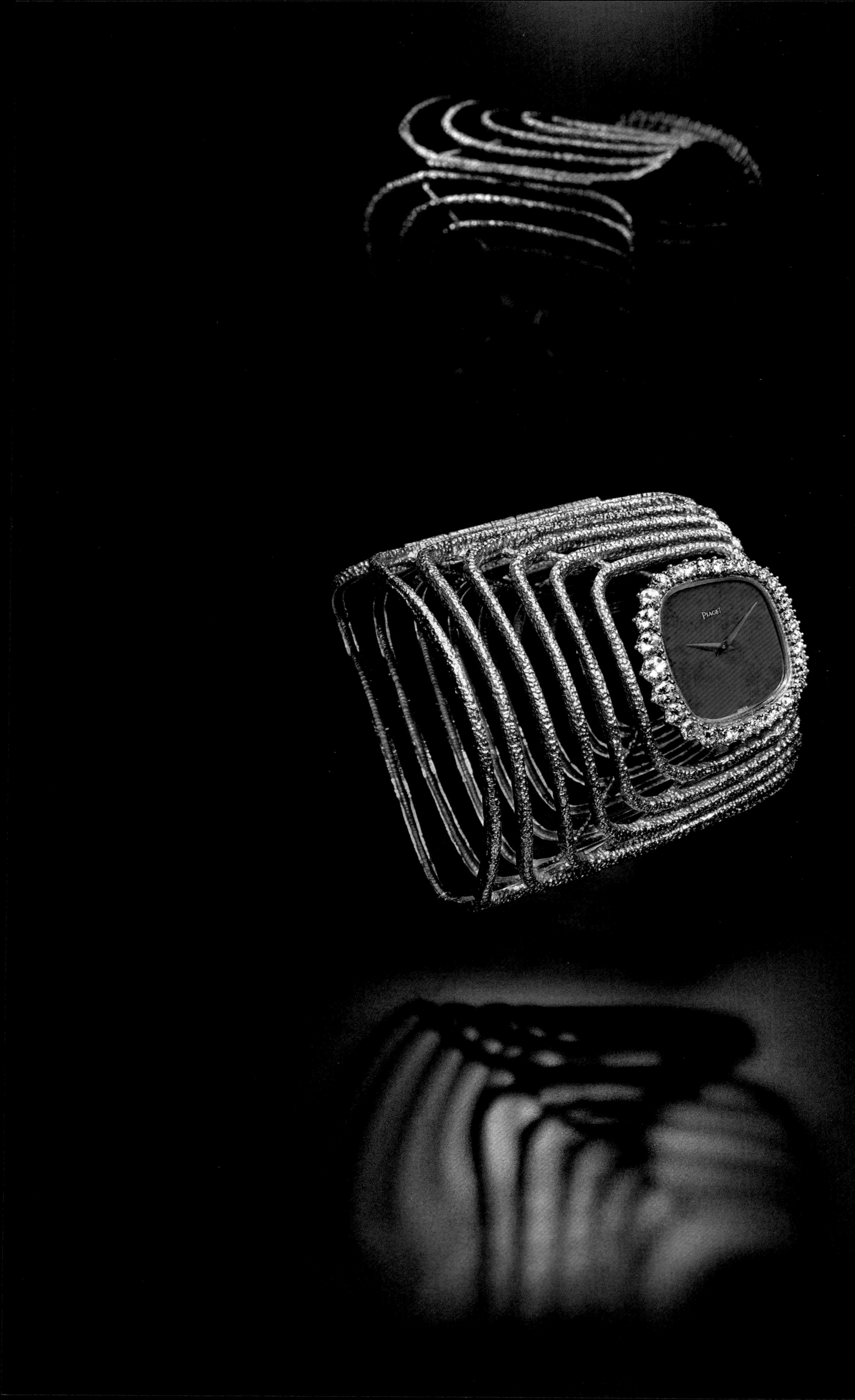
PIAGET

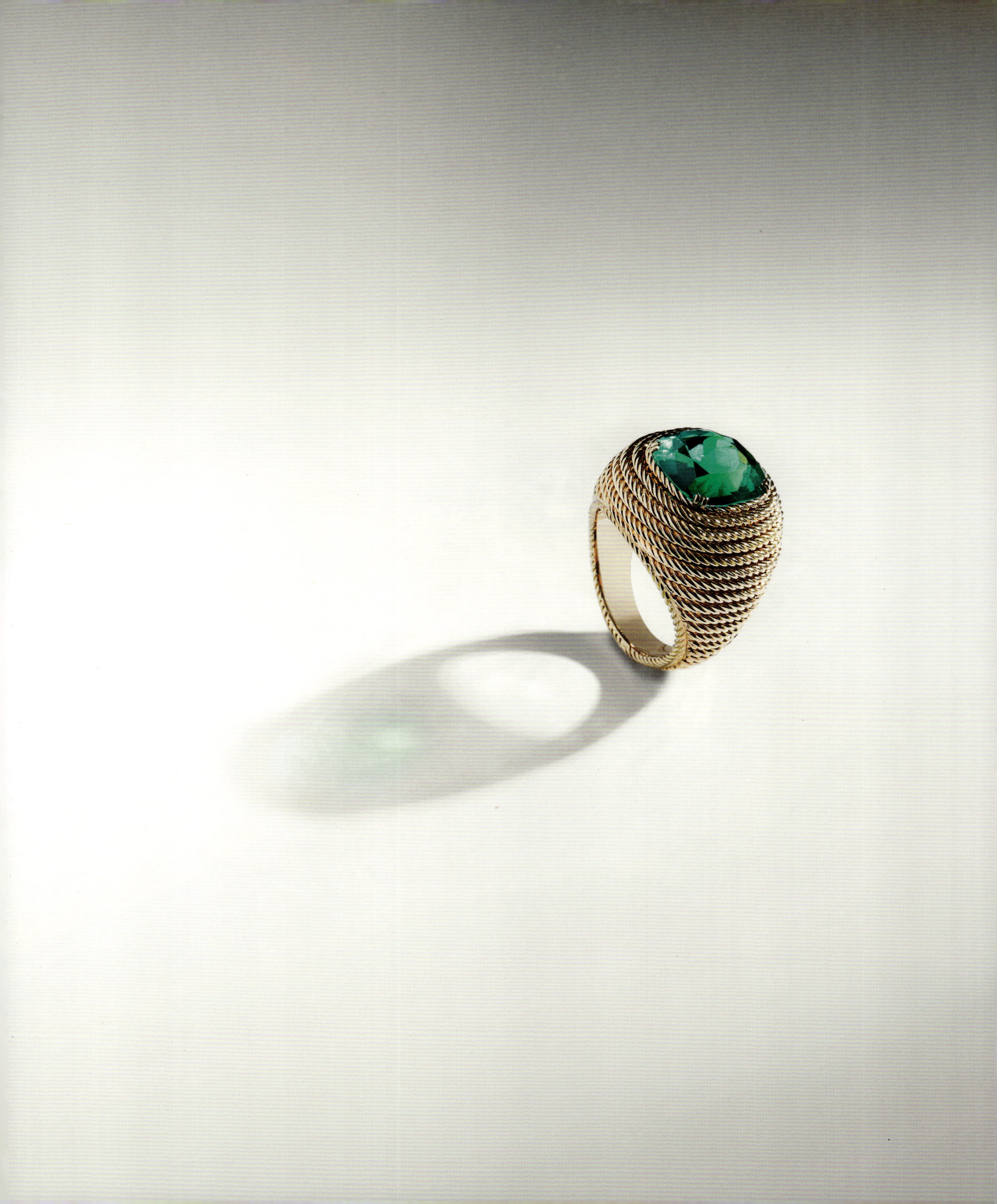

PIAGET

对每一枚杰作都一丝不苟，对每一处细节都精益求精——这是一种对于理想的不懈追求，而正是这种追求，令每一枚伯爵出品的腕表和珠宝都能成为艺术典范。

这样说道，“他喜欢不同寻常的东西！对他而言，真正带有伯爵精神的腕表应该是略显疯狂的。我和制表工坊长事先就知道如何能够令他满意。当他来到我的办公室，想要看下我做了什么精彩的设计，我递给他我的一堆设计稿。他一言不发地把它们放在地上，把手放在背后转过身对总监Gilbert Kervan说到：‘我要三个这样的，两个这样的，一个这样的，两个这样的。’他踱着步然后对我说：‘我的选择正确吗？’而我总是回答：‘您的选择，永远是正确的。’这个人有着极其敏锐的品味。”

1960至1970年代的创新能量持续影响着伯爵的设计工作室，为其赋予了一种独特而强烈的风格。伯爵忠于过去的勃勃雄心，用悠久的历史、文化、艺术和时尚造诣坚定、认真地浇筑着品牌的未来。其作品用黄金与色彩阐释着机芯内部的世界，抚触佩戴者的肌肤，使之绽放出迷人的光彩。

左图：
珠宝腕表，1977年

后页，
由左至右：
超薄腕表，搭配硬质宝石和珍珠母贝表盘，1975–1978年；Limelight神秘腕表、项链和耳环，2007年；高级珠宝腕表，1978年；Limelight高级珠宝项链，2006年

PIAGET
PIAGET

PIAGET

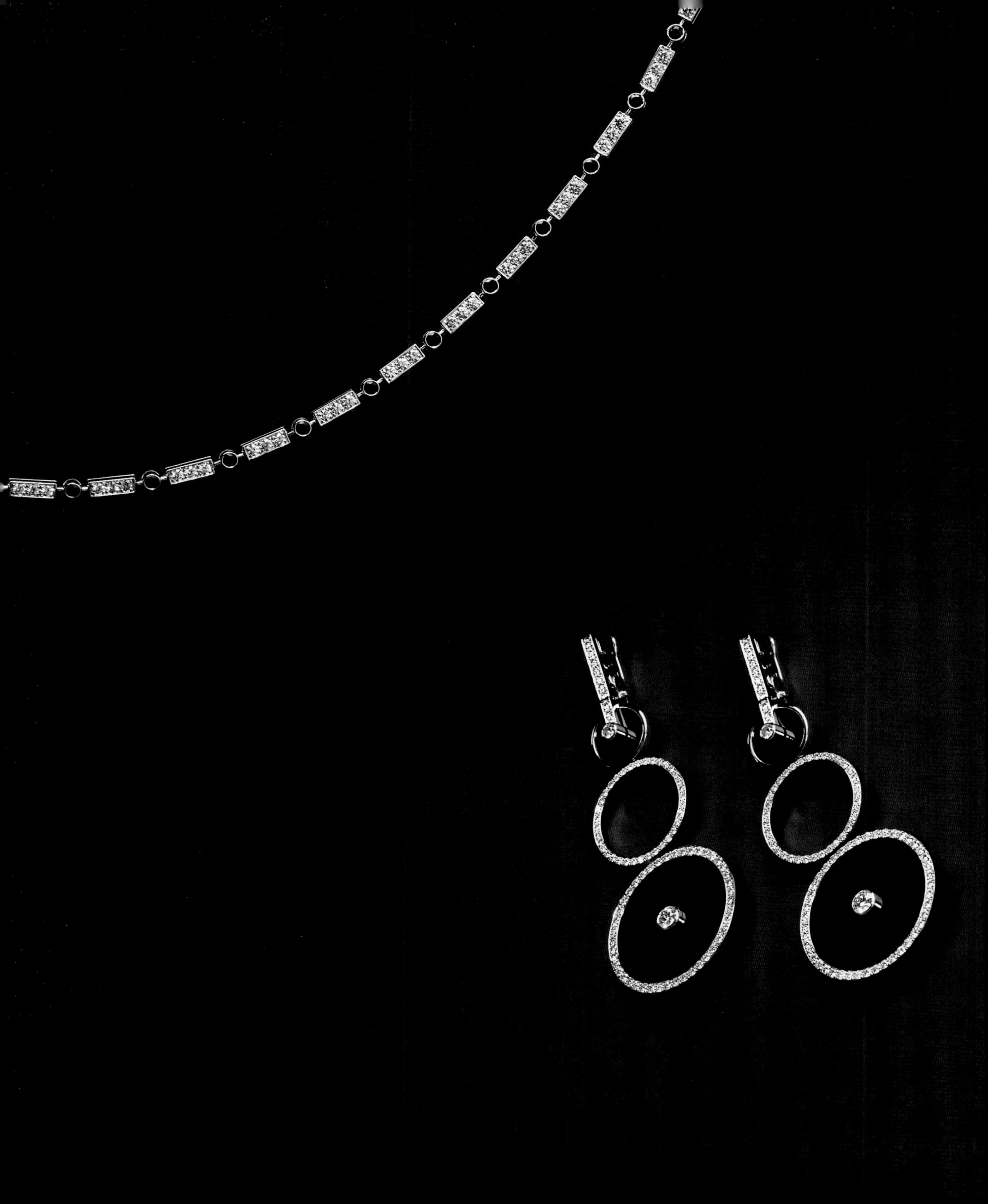

PIAGET

1970年左右

PIAGET
THE MOST
BEAUTIFUL WATCH
IN THE WORLD
Color is here for all time. From Piaget, ultra-thin watches with dials of genuine Lapis Lazuli, Jade, Tiger's Eye, Turquoise, Coral or other exquisite gemstone, many enhanced with diamonds, sapphires, emeralds or rubies.

1970年左右

Cadran corail
PIAGET une montre née bijou précieux. Chez les plus grands joailliers du monde
PIAGET
La Côte-aux-Fées et Genève

1970年

The inimitable
PIAGET
prestige
Opal
dials
To enhance a woman's charm,
to give added sparkle to feminine beauty...
a tasteful, glamorous jewel
bearing the hall-mark of
PIAGET
The Master Watchmakers and Jewellers
the only manufacturers to design
and make entirely their watches
in their own "ateliers".

1973年

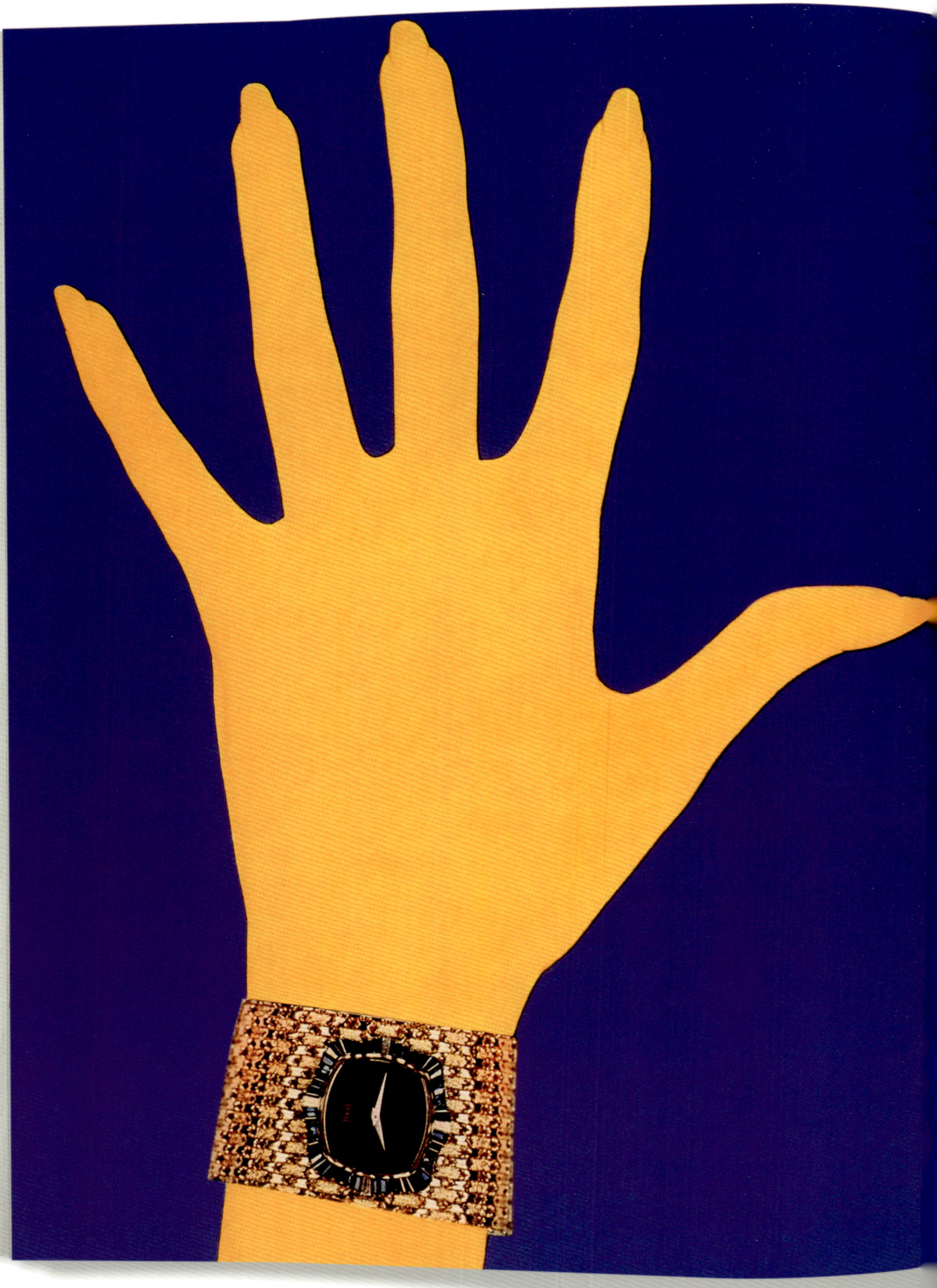

1969年
Willy Rizzo拍摄的
伯爵广告 – 巴黎

1969年
Willy Rizzo拍摄的
伯爵广告 – 巴黎

伯爵设计工作室的
水粉设计图稿，
1960–1970年代

伯爵与艺术家

伯爵自1960年代起就着手与艺术界建立密切联系，果敢与自由驱动艺术创作，这样的联系令品牌在多方面硕果累累，品牌独特的风格开始奠定，在全球各地取得了巨大成功。将奢侈品与艺术完美结合并赋予其意义，伯爵堪称先行者。

前页：
达利金腕表，
1966年

右图：
萨尔瓦多·达利
（Salvador Dalí），
1970年左右

后页：
达利金腕表和首饰，
1970年代

金之硬币与音乐

“我是神秘主义者，而神秘主义者都喜欢黄金。所有的炼金术士都梦想炼就黄金。要想赋予物质精神上的意义，需用黄金去填充，它获得了神秘主义者的极大关注。我信仰炼金术，并将我的思想和触碰的东西变为黄金。黄金，我炼就了金，它可能存放在银行，或者我不知道的地方。但对我来说，最重要的是，思想变成了黄金。”（专访：“达利谈达利”，作者：雅克·米歇尔（Jacques Michel），*《世界报》*，1971年3月17日）。

黄金是伯爵尤为珍视的材质，因其美丽和价值而享有盛誉。而传奇人物萨尔瓦多·达利（Salvador Dalí）与伯爵对于黄金有着相同的迷恋，这位狂人如伟大的君主般轧制硬币，路易十四有“路易十四金”，达利则将自己的硬币命名为“达利金”，从1966年到1975年，这种硬币以四种版本发行，达利5、2、1、 金币，并标注铸造年份。硬币正面以达利经典的大胡子形象与其妻子和缪斯卡拉（Gala）的肖像融为一体，“她（卡拉）注定是我的格拉蒂娃（Gradiva），我的胜利女神、我的妻。是我恐惧的治愈者，我欲望的征服者。”，背面为达利作品中常见的鸡蛋主题，象征着生命、正在成形的世界以及未来的世界。伯爵对于达利独特的达利金作品深感兴趣，更视金币时计为凸显伯爵超薄机芯工艺的绝佳诠释。自1960年起，伯爵即陆续将美元、墨西哥比绍和意大利里拉变换为金币时计，1967年更获得达利著作的使用权，将其令人震撼的金币造型延伸至腕表、珠宝和配饰设计。达利金系列的发表活动给年轻的伊夫·伯爵（Yves Piaget）留下了深刻记忆。达利选择了Meurice酒店作为活动地点，该酒店自1949年以来就是他在巴黎的寓所。但他想要一个与众不同、极具“达利风格”的出场效果。伊夫·伯爵在新闻发布会的

> “我是神秘主义者，而神秘主义者都喜欢黄金。”
>
> 萨尔瓦多·达利（SALVADOR DALÍ）

PIAGET

“努力工作是努力玩乐的唯一理由，而多数人却本末倒置。”
安迪·沃霍尔

前一天被紧急召见，接到一个几乎不可能完成的任务：达利要求坐在一把透明的座椅上！他不要有任何东西干扰观众的视线，画面中只能看见纯粹唯一的他。救场如救火，伊夫·伯爵和他的创意总监最终找到了一把透明充气塑料座椅，并在第二天上午的最后关头放置在台上。发布会的大幕拉开，达利犹如悬浮于空中，他手持手杖，牵着他的小美洲虎，面对记者沉默不语，摆好姿势让摄影师拍照，并于5分钟后离场。而在此刻拍摄的照片里，达利利用“达利金”这件作品，摆出遮住单眼的动作。这一演出完美诠释了伯爵大胆无畏的创新精神，观众渴望新鲜事物和刺激，而伯爵透过艺术、沟通和工艺迎合这种渴望。

1979年，伊夫·伯爵在纽约会见了安迪·沃霍尔（Andy Warhol），一个焦点人物和富有煽动性的艺术家。他邀请伊夫·伯爵与《Interview》杂志展开合作，这是安迪·沃霍尔于1969年创办的一本新锐杂志，主要刊登在时尚、艺术、电影和文学方面颇具影响力的人物访谈。沃霍尔在当时名声显赫，伊夫·伯爵与这位喜爱奢侈品的男士结为好友。沃霍尔拥有十多枚伯爵腕表。这些腕表在他离世以后，由伯爵在1987年的纽约苏富比拍卖会上购回，置于伯爵私人典藏系列（Collection Privée）之中。沃霍尔深爱伯爵作品的怪诞不羁，通过其选择的腕表可见一斑，比如其中一枚搭载Beta 21机芯的隐藏在金砖中的神秘表，或是这枚符合其惊世骇俗的形象、以“树纹”形式雕刻的虎眼石表盘金质女士手镯表。

在波普艺术流行的年代里，安迪·沃霍尔是绝对的社交明星，无论是在纽约、西棕榈滩或是华盛顿，对于晚会、私人会所以及夜生活的共同喜爱都让他们经常相遇。伊夫·伯爵记忆深刻，安迪·沃霍尔带着一头白色假发，难以接近、沉默寡言，堪称二十世纪最后的花花公子，仙子坡制表工坊的世界与纽约安迪·沃霍尔的世界犹如相隔光年，伊夫·伯爵对于这两个迥异世界的印象记忆犹新：“我从未试图进入他的世界，但在认识他几年之后，便知晓了这位伟大创作者的不同凡响。”匹兹堡沃霍尔博物馆的档案中记录了这种联系。安迪·沃霍尔痴迷于流逝的时间，并在其著名的*《时间胶囊》*（*Time Capsules*）中保留了一些生活物品，作为其精心保存生活经历的见证。

在其中一个原始信封里人们找到了一些由伊夫·伯爵寄来的两人共同出席过的晚会照片、来自伯爵的独特邀请函，还有一个盒子，当时里面装着令人惊奇的金币腕表形状巧克力，是伯爵送给安迪·沃霍尔的圣诞节礼物。

卢塞恩画家、雕刻家和插画家汉斯·埃尔尼（Hans Erni），是“抽象—创造”（Abstraction-Création）小组成员，相比达利他更低调谨慎，但因其瑞士裔身份与伯爵品牌更显亲密。汉斯·埃尔尼为伯爵设计了一款金币，品牌于1984年以垂饰、指环、手镯和腕表的形式推出，并命名为Piaget d'Or系列。

左图：
安迪·沃霍尔（Andy Warhol）与伊夫·伯爵（Yves Piaget），1985年

后页：
曾为安迪·沃霍尔所有的腕表，1970-1974年

PIAGET
PIAGET

PIAGET
0.999
PIAGET

右图：
Quatuor à vent
（风的四重奏），
阿尔曼（Arman），
1988年

后页：
阿尔曼在他的
工作室里，1988年
伊夫·伯爵、
卢德米拉·契琳娜
（Ludmilla Tcherina）、
阿尔曼及妻子坎蒂丝
（Corice），1979年

不久之后伊夫·伯爵就与雕塑家阿尔曼（Arman）成为了好友，阿尔曼是1960年代初期创立的新现实主义小组（Nouveaux Réalistes）奠基艺术家之一，同时也是伯爵腕表的收藏家。阿尔曼是旺斯（Vence）人，毗邻仙子坡。在伯爵于蒙特卡洛举办的一个展览上，他与伯爵第四代传人相谈甚欢。他往返于蔚蓝海岸（Côte-d'Azur ）和纽约之间，并经常在哈得逊河（Hudson River）工作室里会见伊夫·伯爵，在伊夫·伯爵的眼中，他是一位心胸宽广、有教养并热爱非洲艺术的艺术家。1986年，两人的友谊促成了后者与伯爵品牌的合作。以封闭在透明有机玻璃内的《垃圾箱》和《堆积物》作品而闻名，阿尔曼实践着“破坏是创造的一个步骤”这一理念。他破坏一些乐器，再按照“愤怒”的形式将其重组，并冠之以“愤怒”之名。凭借着这种与物品或者音乐的特别关系，他为伯爵创造了七个黄金和红木雕塑，代表着一些乐器。每款均限量生产，命名为“*Arman par Piaget*”*（阿尔曼为伯爵所创）*，并于1988年11月在日内瓦专卖店展出。

与摄影的崭新邂逅

伯爵对于艺术的热衷表露着它对自由的向往，同时也促使其创造力恣意地迸发，而摄影艺术则为它开启了一片新天地。为了庆祝Piaget Polo系列腕表（1980年代精英阶层的象征性腕表）的重生，伯爵特别邀请了一位摄影师参加庆祝活动，这位摄影师巧妙地将现场“人物报道”转化成艺术佳作。Jessica Craig-Martin鸿篇巨制地诠释了上流社会的浮华，给人以惊心动魄的强烈刺激。

在2001年，她全程见证了纽约Bungalow 8夜总会内一场宴会滑稽又欢乐的氛围，整个宴会化身为一场摄影盛宴，与会嘉宾及其佩戴的Piaget Polo系列腕表都扮演着模特儿的角色，摄影家以密集而又真切的视角，近距离抓拍快照，捕捉到了一幕又一幕转瞬即逝的精彩画面。在这场活动中，每位嘉宾都体现出强烈的参与感，他们享受着这个意外角色所带来的欢乐，也愉快地与同摄影师进行交流。伯爵随后在香港、日本和巴黎也举行活动，完成了这本惊世骇俗的影集。通过这些非同凡响的照片，Jessica Craig-Martin对伯爵珍视的宴会生活作了颇具现代感的评价。她对社交生活的个人见解与伯爵的经典元素产生了交集，从晚宴上大家热情欢乐的和谐画面中，我们也能体会到这一点。

2005年，伯爵号召皮尔和吉尔（Pierre et Gilles）两位艺术家签署了一项交流活动，该活动旨在表现伯爵历来重视的情感诠释和大胆创新，借此再度颠覆了摄影行业的传统规则。

“这个世界唯一永远不会嫌多的事物是夸张。”

萨尔瓦多·达利（Salvador Dalí）
摘自一位天才少年日记

Talco

H. E. "EGGEN" CH-6006 LUZERN 041 31 33 88

Cher Yves,

Nous venons d'apprendre que mon exposition du Japon qui devait arriver cette semaine ne reviendra que la semaine prochaine. Comme nous devons recevoir le conservateur accompagnant et contrôler tout avec lui, il ne nous sera malheureusement pas possible de venir à Prangins le 30 mai.

Nous regrettons beaucoup de ne pas pouvoir être parmi vous pour cette belle soirée, mais nous espérons te revoir bientôt.

En amitié les tiens.

21.5.90

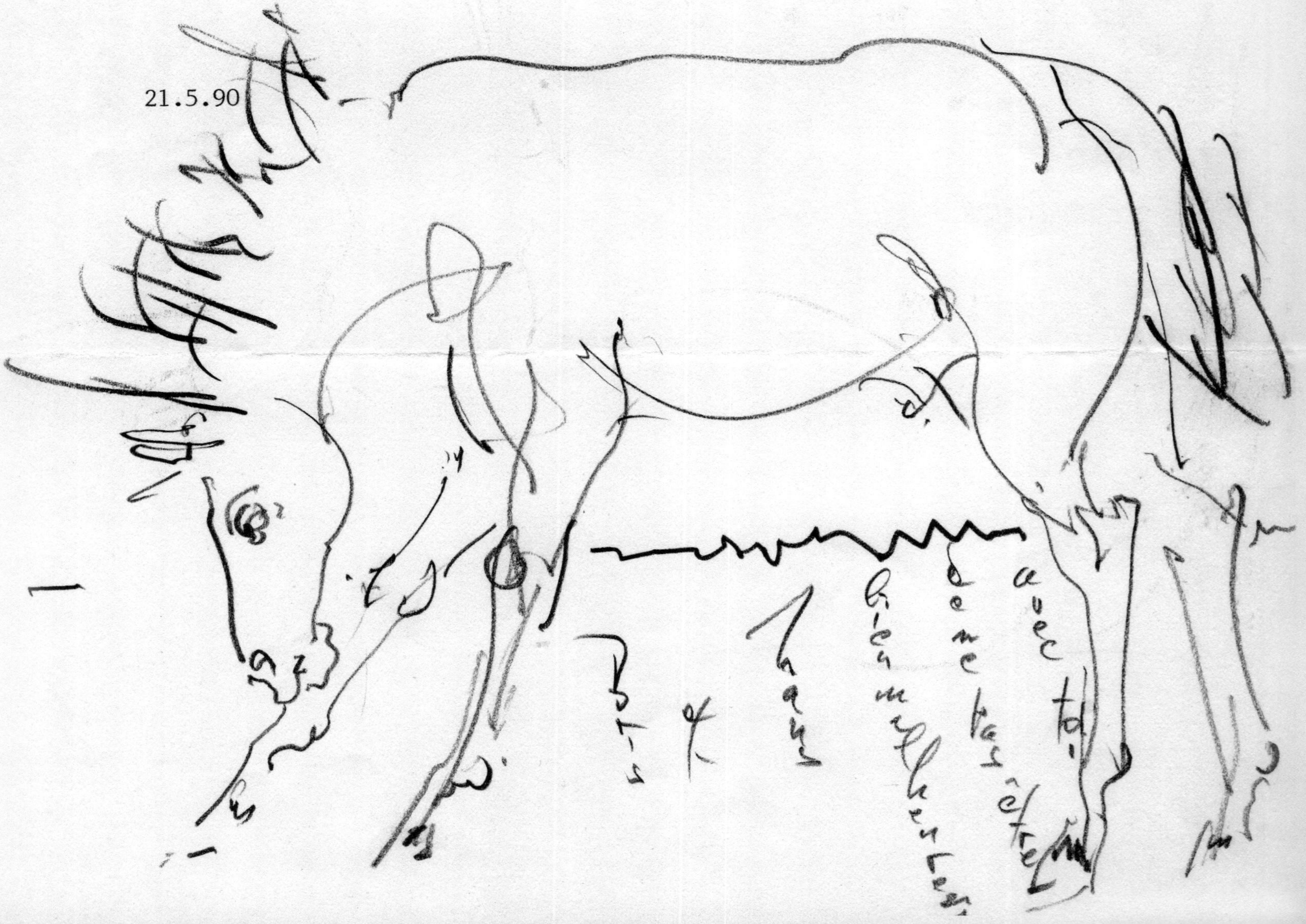

艺术家自由挥洒缤纷色彩和奇思妙想，塑造出一个梦中的花园，成为伯爵展现非凡创意的舞台。在艺术家放满物品的工作室内，他们精心打造出了令人匪夷所思的绚丽装饰，由模特置身其中，先行拍照，最后在这些美丽的照片上再次彩绘。此举将观众带入到了一个奇幻华美、真假难辨的异域天堂。之后，皮尔和吉尔（Pierre et Gilles）为伯爵在日本的一场大展又创作了一幅作品，只为这一天而生的艺术创作，全然揭示了极致前卫的精神。
一场艺术、沟通和创造力之间难忘又掌控有度的邂逅刚刚上演。伯爵一次又一次实现了艺术世界和其品牌时计和珠宝创作世界之间的精彩对话。

左图：
汉斯·埃尔尼（Hans Erni）写给伊夫·伯爵的信，1990年

后页：
法国艺术家皮尔和吉尔（Pierre et Gilles），2005年；*"Rêve"*（梦），皮尔和吉尔，2007年

EAGLE EYE
ARMY

1 9 8 3
PIAGET $100000 WORLD CUP
POLO CHAMPIONSHIPS
High Goal

伯爵社交圈

伯爵品牌植根于汝拉山区的宁静小村庄仙子坡，制表工坊全体员工与顾客之间的情感纽带由这里萌发。为了回馈品牌与大众之间这份真实而温暖的联系，伯爵不断呈献品质如一的杰作。

前页：
乌苏拉·安德斯（Ursula Andress）与伊夫·伯爵（Yves Piaget）先生在西棕榈滩，1983年

右图，
由上至下：
米雷耶·马蒂厄（Mireille Mathieu）在圣莫里茨（St-Moritz），1974年；佩屈拉·克拉克（Petula Clark），1971年；莫里斯·切瓦列（Maurice Chevalier）写给伊夫·伯爵（Yves Piaget）的信，1967年；莫里斯·切瓦列（Maurice Chevalier）亲笔签名的邀请函，1967年；格施塔德宫殿酒店（Gstaad Palace），1960年左右

世界宛如一枚欧泊石

品牌的顾客、藏家、名人、拥趸因共同的喜好与文化凝结成一个大家庭——名副其实的“伯爵社交圈”（Piaget society）。早在1960年代中期，伊夫·伯爵（Yves Piaget）就将家族品牌与享乐、喜庆、欢愉的生活艺术完美融合，他与那些自己欣赏的人和欣赏伯爵的人建立了真诚的友谊，“我像艺术家、画家和雕塑家一样，直接将作品展现给收藏家，由此开启交流的大门，与顾客面对面，倾听他们的心声，让我更加了解他们的期待，周游世界、了解不同品味与文化，令我开拓眼界，不仅丰富了个人生活，更为品牌带来新生。有一种宝石展现了地球的财富，这就是欧泊石。欧泊石由物理本质和化学组成各异的多种晶体构成，晶体尽管迥然有异，却能融为一体。我觉得，伯爵眼中的世界就如同一枚欧泊石，容纳形形色色的品味与情感。”

“伯爵社交圈”精神

作为享乐主义者、观察家和社会活动家，伊夫·伯爵的奢华生活迸发着欢乐、对美的热爱和拒绝随波逐流的精神。他将伯爵带到世界各地，从巴黎到纽约，从瑞士滑雪胜地格施塔德（Gstaad）到美国棕榈滩，他犹如一位魔幻大师，带给大家节日喜庆。伊夫·伯爵很年轻时便离开仙子坡，开始探索世界，将前人经营的品牌推向国际。对他人的善意与好奇，让他成为优秀的品牌代言人。他这样描述自己的使命：“我所面临的挑战，是令品牌独树一帜，享誉全世界。或许，我无意中学会了市场营销？我希望，无论对话者还是客户，能透过一枚精美的腕表、一款绚丽的珠宝，看到付出心血之人——我们的设计师、珠宝师和制表师，以及蕴含其中的几十种工艺。我想说，伯爵是大家庭共同的名字，所有成员都为品牌发展做出了贡献。最后，我希望将我们的珠宝和腕表当作艺术品，将背后的大师们当作真正的艺术家，一一呈现给世人。”

Chicago 1-4-67.

Merci bien cher Yves Piaget
pour les photos que je verrai
a mon retour a La Louque
le 8 Mai prochain.
Votre superbe montre fait
l'admiration de tout le
monde et me rappelle
constamment notre sym
pathie mutuelle.
Tout va bien et je l'es
père de même pour vous
et votre charmante
femme.

Maurice Chevalier
Palmer House.

Maurice Chevalier 1967.

Vernissage de l'exposition

PIAGET

Maîtres-Horlogers-Joailliers
Genève

dans les salons du Palace-Hôtel
de Gstaad

Hôte d'honneur:
Maurice Chevalier

PIAGET
SWISS

PIAGET

> “我希望将我们的珠宝和腕表当作艺术品，将背后的大师们当作真正的艺术家，一一呈现给世人。”
>
> 伊夫·伯爵

在家世与个人品味的影响下，伊夫·伯爵在音乐界、电影界、当代艺术界、政治界和体育界交游甚广，而与歌唱界的往来更是其命运的转折点。在他的密友中，首推传奇歌唱家莫里斯·切瓦列（Maurice Chevalier），“我第一次遇见他是在1966年，我的一位经理人朋友强尼·斯塔克（Johnny Starck）将我引见给他，那时，我刚离开仙子坡村庄，我来到他位于巴黎近郊Marne-La-Coquette的家，莫里斯·切瓦列亲自开门迎接，我激动万分！事后，我在格施塔德皇宫酒店（Gstaad Palace）筹办晚宴，大胆邀他登台演唱，合伙人都觉得举办一场两百五十人的晚宴，还要邀请莫里斯·切瓦列献唱，开销太大、太不理智，而我没有听从他们。我第一次吃鱼子酱就是和莫里斯一起，他点餐，我买单！我其实都不知怎么向家人解释这笔巨额开销。”伊夫·伯爵发现自己有担任经理人的天赋，在莫里斯·切瓦列的鼓动下，他将一位初出茅庐的歌手——米雷耶·马蒂厄（Mireille Mathieu）送上晚宴的舞台，1974年，伯爵在圣-莫里茨（St-Moritz）举办盛大的品牌一百周年纪念活动，也邀请她合作演出。他举办数次晚宴，邀请歌唱家佩屈拉·克拉克（Petula Clark）献唱，佩屈拉为奇妙乖张的伯爵腕表平添一丝英伦风范的潇洒。吉普赛国王乐团（Gipsy Kings）更借助“伯爵社交圈”一举成名，乐团在法国南部的海滩上表演时，引起伊夫·伯爵的注意，随即为乐团组织了首场音乐会。

伊夫·伯爵在音乐界频频做出惊人之举，他毫不犹豫地租下神秘的奥林匹亚剧场（Olympia），帮助歌手东山再起，筹办音乐会，甚至发行唱片，为了快乐，也为了友谊，小萨米·戴维斯（Sammy Davis Junior）、丽莎·明尼里（Liza Minnelli）和弗兰克·辛纳屈（Franck Sinatra）都是他的密友，他随他们到欧洲和美洲进行巡演，“小萨米·戴维斯经常佩戴伯爵腕表和珠宝，尤其是Piaget Polo系列方形腕表、垂饰和大型手镯，他就像我的兄弟，在他比弗利山庄（Beverly Hills）的家中，他亲自下厨做意大利面，有时，汤姆·琼斯（Tom Jones）也会来，弗兰克·辛纳屈或比尔·科斯比（Bill Cosby）随后加入，与我们一起喝杯咖啡、吃顿便饭，这可是难得一遇的时光。我陪萨米·戴维斯在巴黎、伦敦、洛杉矶、拉斯维加斯或蓝色海岸进行巡回演出，借机与朋友们相聚。一次，他和丽莎·明尼里在摩纳哥举办演唱会，期间我们与大家一起度过了美好时光，畅谈音乐和艺术，我还请了César和阿尔曼（Arman）。我欣赏这些人，对他们的经历十分着迷。”音乐伴随着伯爵的辉煌岁月，音乐是焦点，音符和节奏则见证了品牌的历史。伯爵率先投资影像创作领域，以短片录制私人音乐会，为其定下艺术基调。2012年，梅乐蒂·佳朵（Melody Gardot）为伯爵录制全新演绎的《玫瑰人生》，在国际舞台和私人音乐会上与公众分享，包括2013年在巴黎杜乐丽花园（Jardin des Tuileries）举办的私人音乐会。

前页：
高级珠宝首饰，1970年左右；珠宝腕表，1977年；高级珠宝腕表，1976年

右图：
曾为莫里斯·切瓦列（Maurice Chevalier）所有的超薄腕表，1970年

后页：
安迪·沃霍尔（Andy Warhol）、柯妮丽娅·盖斯特（Cornelia Guest）、波姬·小丝（Brooke Shields）、Régine和伊夫·伯爵（Yves Piaget）在纽约Régine's酒店，1985年

PIAGET

音乐伴随着伯爵的辉煌岁月，音乐是焦点，音符和节奏则见证了品牌的历史。

优雅运动新风潮：马球天地

在一群力求打破传统奢华元素的精英阶层的推动下，Piaget Polo系列腕表于1979年横空出世，掀起全新优雅运动风潮。从方形到圆形，此款腕表在设计史上留下浓墨重彩的一笔，精心雕琢的贵金属，亮面与雾面交错打磨，展现别样光彩，腕表的表带、表壳、表圈完美融合。腕表推出男装和女装款式，佩戴在网坛伉俪的手腕上，象征着成功与幸福。Piaget Polo系列腕表成为歌手、电影明星、艺术家等知名人物的挚爱，安迪·沃霍尔（Andy Warhol）的伯爵腕表藏品中，就有两枚该系列腕表。伯爵将新款腕表与贵族运动——马球联系在一起。“我曾仔细观察马球的选手和观众，这是一个特别的圈子，十分讲究，而且视伯爵为纯正的奢华象征。我们开始资助每年在西棕榈滩（West Palm Beach）举办的马球锦标赛，并组建了一支名为‘慈善球手’（Chuckers for Charity）的球队，队员都是社会名流，在赛事正式开始前奉献一场表演赛，斯蒂芬尼·鲍尔斯（Stefanie Powers）、帕米拉·苏·马丹（Pamela Sue Martin）、多莉·福斯特曼（Dorrie Forstmann）、亚历克斯·科德（Alex Cord）和威廉姆·德瓦内（William Devane）都曾加入球队参赛，大众前来，一半为明星，一半为马球，开场赛拉动了慈善效益。在西棕榈滩，我还曾为医院筹办慈善舞会。我们在纽约为伯爵球队隆重造势，球队出现时，第五大道半条街堵得水泄不通。为了会见记者，我还与唐纳德·川普（Donald Trump）协商，让四位骑手踏着巨大的红地毯从特朗普大厦（Trump's Tower）骑马奔出！”马球俱乐部不仅是社交胜地，更是魅力与随性交织的大舞台。这是伊夫·伯爵交朋会友的好时机，如他的瑞士同胞——拥有魔鬼身材的乌苏拉·安德斯（Ursula Andress），两人都无比热爱马匹，这位007系列电影《诺博士》中令人难忘的邦女郎，多次参加伯爵世界杯马球赛（Piaget World Cup）。在围绕赛事举办的各种庆祝活动上，各界名流济济一堂，从奢华草坪野餐到闪亮晚宴，充满欢乐的氛围少不了播放沃霍尔电视频道（Warhol TV）纪念节目，展现当今匹兹堡安迪·沃霍尔博物馆的长期展览，唯有在佛罗里达的阳光下，才能尽情享受马球。伯爵之名与全球众多马球赛连在一起，甚至中国马球赛也不例外。马球没有国界，但是，只有布宜诺斯艾利斯称得上马球之都，每年，数千阿根廷人欢聚城中的巴勒莫（Palermo）赛场，为自己的世界顶级球队呐喊助威，伯爵品牌当然不会错过这一马球盛事，这一马球圣坛见证了一代代马球世家的传奇：海吉家族

左图：
伊夫·伯爵（Yves Piaget）、César、阿尔曼（Arman）、罗杰·佛吉（Roger Vergé）、丽莎·明奈利（Liza Minelli）和小萨米·戴维斯（Sammy Davis Junior），1988年

后页：
乌苏拉·安德斯（Ursula Andress），1983年。
Piaget Polo系列腕表，1981年和1982年。
1985年，伯爵马球队球员从纽约第五大道的川普大厦（Trump Tower）策马而出

PIAGET
PIAGET
SWISS

PIAGET
PALM BEACH POLO
3

PIAGET
ALM BEACH POLO

右图：
Piaget Rose
高级珠宝项链，
2012年

后页：
1982年，著名园艺家
阿兰·玫昂（Alain
Meilland）精心
培育出的玫瑰品种；
Piaget Rose
高级珠宝指环，
2013年

（Heguy）、梅尔洛斯家族（Merlos）、皮尔利斯家族（Pieres）及其他天才球手在此呈献引人入胜的精彩赛事，在“三冠王”杯马球赛上挥洒勇气、胆识与精准球技。Piaget Polo系列腕表跨越数十年，见证王者运动的辉煌时刻，历久弥新，2001年，品牌重新演绎本系列腕表，沿袭原有风格，以K金和钛金打造多款全新计时腕表力作。

玫瑰芬芳

伊夫·伯爵除了对音乐、体育和节庆怀抱无比激情，更因为根植于童年记忆中的玫瑰芬芳，而对玫瑰有着难以言喻的热爱。“我还记得第一次见到野玫瑰时的欣喜，人们称其为野蔷薇，她生长在1000米海拔之上。”伊夫·伯爵全心投入玫瑰的培育推广，并得到丰厚回报：1982年，伯爵赞助举办日内瓦国际新品种玫瑰大赛（Concours International de Roses Nouvelles de Genève），玫昂玫瑰园（Meilland）培育的新品玫瑰一举夺魁，遂将其命名为“伊夫·伯爵玫瑰”（Rose Yves Piaget），培育者认为，唯此象征激情的玫瑰，方配享有此名。她气质感性、色彩浓郁、丰韵多姿，八十片锯齿状花瓣尽显雍容华贵，本性中交织着旧时玫瑰的魅力与现代丰韵。这朵玫瑰激发伯爵无限灵感。2010年，品牌开创一系列珠宝，将源源不断的新作奉献给玫瑰。伯爵将玫瑰变为品牌标志，运用雕刻、镂空、蕾丝等各种姿态的玫瑰诠释其永恒、娇柔之美。伊夫·伯爵先生持续三十年、为每一届日内瓦国际新品种玫瑰大赛得主打造一朵与实物等身的黄金玫瑰。如今，这一奖品采用玫瑰金材质，玫瑰花瓣包裹着一颗美钻。

伊夫·伯爵玫瑰气质感性、色彩浓郁、丰韵多姿，八十片锯齿状花瓣尽显雍容华贵，本性中交织着旧时玫瑰的魅力与现代丰韵。

每一朵新玫瑰背后都有一段应当铭记的历史。为此，法国约瑟芬皇后在马勒梅松城堡（Château de Malmaison）建起一座植物园，云集了两百五十种玫瑰。2012年，伯爵资助玫瑰园重新翻修，工程耗时两年，令这座最美的玫瑰天堂焕发新生，倾诉对玫瑰的无限激情。花园借800种玫瑰向热情好奇、为植物学历史做出宝贵贡献的皇后致意。摩纳哥的格蕾丝王妃也是一位钟情玫瑰的名人，1984年，人们献给她一座玫瑰园，30年后的今天，这座玫瑰园也在伯爵的资助下得以翻新。

PIAGET

“伊丽莎白·泰勒偏爱超凡出众、独树一帜、具有伯爵经典风格的高级钟表杰作，她选中一款手镯表，黄金材质大链环随性地缱绻交织，搭配翡翠表盘腕表。这款作品非她莫属！”

伊夫·伯爵

伯爵明星

女性在伯爵历史中闪耀着迷人的魅力、展现了靓丽的风采，她们佩戴伯爵腕表与珠宝的独特方式被铭记下来。品牌1940年代的首批广告片留存下众多优雅女性的黑白影像，风姿绰约不逊于美国好莱坞与意大利电影城（Cinecittà）的电影明星。杰奎琳·肯尼迪（Jackie Kennedy）也是其中之一，她的迷人气度备受世人追捧，腕间佩戴的独特腕表更是惹人注目，变幻多姿的表盘、黄金链带和镶嵌工艺，让每款腕表成为绝世珍品。伯爵与顾客的关系也是独一无二，伊夫·伯爵回忆道：“1971年的一天，我在日内瓦专卖店里接到伊丽莎白·泰勒（Elizabeth Taylor）秘书的一通电话，对方希望我前去介绍一套作品，我跳上汽车，不顾严寒赶到瑞士格施塔德，她身穿紧身滑雪裤和高跟鞋和丈夫理查德德·伯顿（Richard Burton）在自家的小木屋里接待了我，我向这位伟大的艺术家，同时也是伟大的女性珠宝收藏家介绍了伯爵，这段经历妙不可言。她偏爱超凡出众、独树一帜、具有伯爵经典风格的高级钟表杰作，她选中一款手镯表，黄金材质大链环随性地缱绻交织，搭配翡翠表盘腕表。这款作品非她莫属！”此款“21世纪系列”腕表并非伊丽莎白·泰勒拥有的唯一一款伯爵腕表，如今，伯爵私人典藏（Collection Privée Piaget）拥有她收藏的三款腕表，皆从2011年12月伊丽莎白·泰勒藏品拍卖会上购回。这位紫眸美人收藏的三款腕表均为品牌最富代表意义的里程碑之作，除了那枚尽显伯爵奇思妙想的手镯表，另一款腕表搭配金链、欧泊石表盘及镶嵌圆形美钻，堪称珠宝腕表杰作。

伯爵作品具有如阳光般明媚的唯美设计，展现代表着“甜美生活”（dolce vita）的女性风采，索菲亚·罗兰（Sophia Loren）和吉娜·劳洛勃丽吉达（Gina Lollobrigida）十分钟爱这一弥足珍贵而热情洋溢的特性。据说，吉娜·劳洛勃丽吉达出人意料地将一款镶饰宝石的腕表作为交换赠予他人，这位意大利佳人酷爱摄影，在1979年为菲德尔·卡斯特罗（Fidel Castro）拍摄传记，几天里，她亲自采访这位古巴领导人，为其拍摄影片，抓拍每个瞬间。她即将离开时，卡斯特罗送上自己的精工牌腕表（Seiko），上面还镌刻着“For Gina”（赠吉娜）字样，作为交换，吉娜则把自己珍贵的伯爵腕表送给他，1970年代，这位天才女摄影师为伯爵珠宝腕表创作了众多视觉广告

左图：
曾为伊丽莎白·泰勒（Liz Taylor）所有的手镯表，1971年

后页：
伊丽莎白·泰勒的珠宝腕表，1967年和1981年；理查德·伯顿（Richard Burton）和伊丽莎白·泰勒，1967年

PIAGET
PIAGET

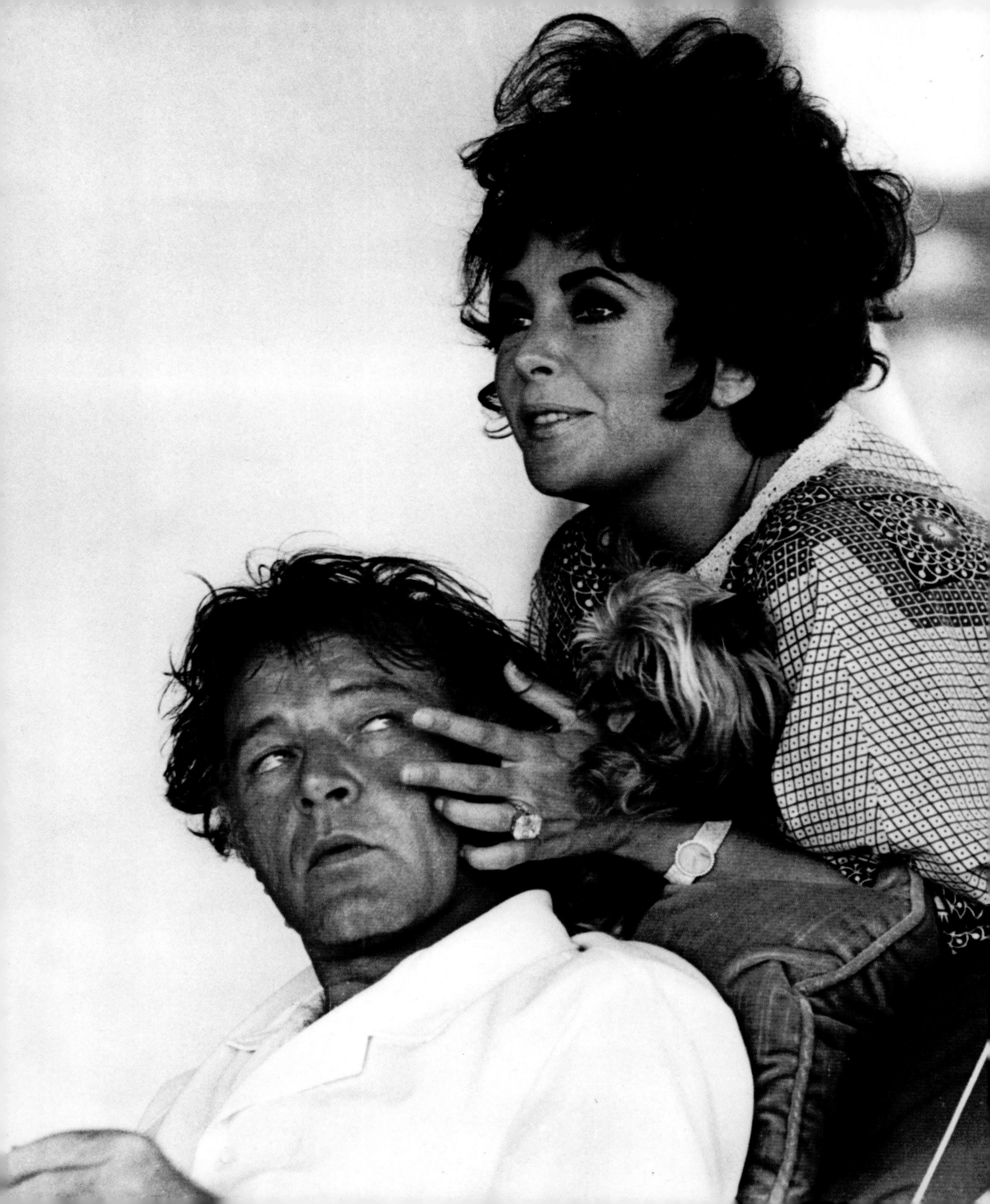

右图：
吉娜·劳洛勃丽吉达（Gina Lollobrigida）的胸针和晚宴包，1980年左右

后页：
采用大明火内填珐琅装饰的Piaget Polo Tourbillon Relatif相对陀飞轮腕表，2008年；高级珠宝怀表，1981年

作品。其中三幅作品入选伯爵私人典藏，见证其审视品牌精美作品的独特品味：一只黄金化妆盒和两枚玫瑰胸针，花瓣可自由开合。

伯爵的优雅风范融合女性的柔美与男性的阳刚，阿兰·德龙（Alain Delon）佩戴搭载12P超薄机芯的自动上链腕表，罗杰·摩尔（Roger Moore）则对Piaget Polo系列青睐有加。在美国的一次庆祝活动中，伊夫·伯爵看到加里·格兰特（Cary Grant）自豪地走来，展示自己的伯爵超薄腕表，品牌第四代传人开玩笑道："轮到我这个来自仙子坡的小伙走运了！"。纵然有明星簇拥，他仍脚踏实地，面对客户有时颇为疯狂的期待，始终保持平和自然的心态。"我在日内瓦专卖店结识了彼得·塞勒斯（Peter Sellers），他好像没看中任何东西，只请我当晚带上甄选的腕表，去他下榻的酒店，最终，他决定买下我手腕上那枚腕表，那是一枚椭圆形腕表，表圈装饰巴黎饰钉雕纹，搭配真皮表带和青金石表盘，腕表搭载着最精准的石英机芯，由于没有时标，很难读出确切的分钟时间，这一不寻常的设计令他爱不释手，他对我说：'我喜欢您这枚腕表，别的都不要，不需要再做任何改动！'第二天早晨，我把自己的腕表放入包装盒，原封不动交给他。"另一些珠宝则铭记着一段爱情故事，如弗兰克·辛纳屈送给米娅·法罗（Mia Farrow）的精致方形怀表，上面镌刻着"I ruv you"字样，即"I love you"。伯爵见证的真实历史与虚构的电影故事交相辉映。伯爵与电影艺术有着密不可分的关联，在品牌全球行政总裁麦振杰（Philippe Léopold-Metzger）的倡议下，自2008年起，伯爵开始资助"美国电影独立精神奖"（Independent Spirit Awards）颁奖典礼，每年，在奥斯卡金像奖揭幕前夕，美国电影独立精神奖在洛杉矶揭晓最佳独立影片评选结果，伯爵借此彰显品牌追求创意、胆识与自由的精神，典礼期间，圣塔莫尼卡（Santa Monica）海滩搭起一座巨型帐篷，洋溢着喜庆气氛，大家满怀对电影的热爱，明星、知名导演和电影新秀在此相遇，2010年，为庆祝好友杰夫·布里吉斯（Jeff Bridges）获最佳男演员奖，安迪·加西亚（Andy Garcia）用钢琴即兴弹奏一首神奇的"庆功"曲。在地球另一边的亚洲，伯爵与蓬勃发展的电影业结为合作伙伴，伯爵腕表与珠宝在电影节红毯上熠熠生辉，2013年，知名影星巩俐出任伯爵全球品牌代言人，她在无数红毯闪光灯下，尽显曼妙风姿。伯爵自然地从节日欢愉中汲取灵感，早在1998年诞生的Miss Protocole可替换表带腕表堪称品牌经典，搭配羽毛或毛皮表带，大胆随性，

HOCHE
CARNOT
VICTOR HUGO

PIAGET
SWISS

伯爵腕表与珠宝在电影节红毯上熠熠生辉。

令人眼前一亮，“Party”、“Jazz”、“Gala”、“Couture Précieuse”……一个个闪亮的名字则与Limelight系列融为一体。男装腕表中，Black Tie系列毫不掩饰优雅基调，追求唯美的理想借助蕴含在腕表和珠宝里的工艺技术与艺术天赋，化作现实。节日欢乐，尽在其中。

左图：
2001年，杰西卡·克雷格·马丁（Jessica Craig Martin）拍摄的Piaget Polo腕表

后页：
巩俐亮相戛纳电影节，2014年；Piaget Rose高级珠宝手镯，2012年；Miss Protocole珠宝腕表，1999年；Limelight高级珠宝腕表，2004年；Limelight高级珠宝项链，2011年；Limelight高级珠宝神秘腕表，2009年；Limelight高级珠宝腕表，1989年；Couture Précieuse高级珠宝项链，2012年

PIAGET

PIAGET

PIAGET

图例

1997年，伊夫·伯爵先生参观威尼斯时钟塔楼

Piaget Altiplano超薄腕表，厚度6.1毫米，
白金，搭载伯爵自制1200D自动上链超薄
镶钻镂空机芯，镶嵌259颗圆形美钻
（约重0.8克拉）和11颗黑色凸圆形蓝宝石
（约重0.2克拉），厚度3毫米，2013年

Limelight高级珠宝项链，白金，
279颗圆形美钻（约重22.13克拉），
16颗马眼形切割钻石（约重8.97克拉），
2012年

风格独特的典雅气质

Piaget Emperador三问腕表，2013年

Limelight Twice双面珠宝腕表，白金，
106颗圆形美钻（约重1.4克拉），
搭载两枚伯爵自制56P石英机芯，2009年

Piaget Altiplano超薄腕表，厚度5.34毫米，
玫瑰金，搭载伯爵自制1200S自动上链超薄
镂空机芯，厚度2.4毫米，2013年

Limelight高级珠宝神秘腕表，白金，
115颗圆形美钻（约重1.2克拉），
437颗长方形美钻（约重57.8克拉），
珍珠母贝表盘镶嵌钻石，
搭载伯爵自制56P石英机芯，2009年

从左至右：
Limelight Gala珠宝腕表，白金，
63颗圆形美钻（约重1.8克拉），
搭载伯爵自制690P石英机芯，2013年

Piaget Altiplano超薄腕表，厚度6毫米，
白金，搭载伯爵自制430P手动上链超薄机芯，
厚度2.1毫米，2002年

Piaget Emperador三问腕表，
玫瑰金，音量64分贝，设定于第五个八度，
小时以升Sol音节敲响，而分钟则以升La音敲
响三个谐波分音，搭载伯爵自制1290P自动上
链超薄三问机芯，厚度4.8毫米，2013年

Limelight高级珠宝手镯，玫瑰金，
32颗马眼形切割美钻（约重12.42克拉），
23颗绿松石珠，2014年

Limelight高级珠宝项链，玫瑰金，
8颗圆形美钻（约重0.88克拉），
22颗马眼形切割美钻（约重8.33克拉），
13颗绿松石珠，2014年

按顺时针方向依次为：
Possession指环，黄金，1颗圆形美钻（约重0.13克拉），1993年

Possession指环，黄金，2010年

Possession指环，白金，122颗圆形美钻（约重3.89克拉），2006年，伯爵私人典藏

Possession指环，玫瑰金，37颗圆形美钻（约重0.6克拉），2006年

Possession指环，白金，184颗圆形美钻（约重1.7克拉），2010年

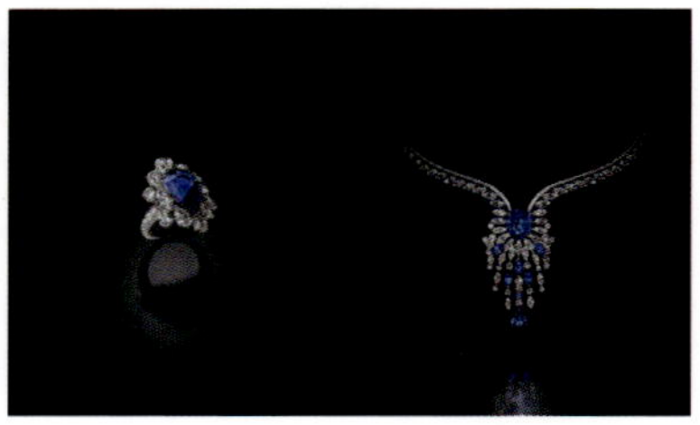

左图：
Limelight高级珠宝指环，白金，
14颗圆形美钻（约重0.61克拉），
10颗梨形美钻（约重4.86克拉），
2颗马眼形切割美钻（约重0.96克拉），
1颗梨形蓝宝石（约重7.05克拉），
2014年

右图：
Limelight高级珠宝项链，白金，
416颗圆形美钻（约重9.67克拉），
51颗马眼形切割美钻（约重23.11克拉），
5颗马眼形切割蓝宝石（约重5.16克拉），
1颗梨形蓝宝石（约重4.60克拉），
1颗圆形蓝宝石（约重0.30克拉），
1颗椭圆形蓝宝石（约重14.28克拉），
2014年

始于1874年的钟表和珠宝王朝

1910年左右，游客们沉醉于仙子坡（La Côte-aux-Fées）冬季运动的愉快氛围中，背景里有这座村庄和伯爵制表工坊所在的厂房，明信片

按顺时针方向依次为：
1881年，乔治-爱德华·伯爵（Georges-Édouard Piaget）和爱玛·布恩泽丽（Emma Bünzli）结婚的场景，于1876-1882年间，在力洛克（Le Locle），纳沙泰尔山中，婚姻登记A

1900年左右，乔治-爱德华·伯爵夫妇同他们的子女在一起

19世纪中叶，伯爵家族位于仙子坡（La Côte-aux-Fées）的农场的雕刻画

1900年左右，在仙子坡（La Côte-aux-Fées）的田地里干活的场景

1900年左右，村民们和马匹一起，正在忙碌地清扫积雪

1900年左右，砍伐取暖用的木材

1900年左右，乔治-爱德华·伯爵夫妇和他们的两个孩子在仙子坡（La Côte-aux-Fées）的自由教堂前

20世纪初的乔治-爱德华·伯爵夫妇

乔治-爱德华·伯爵夫妇和他们的十四个孩子，1925年左右，由左至右，站立者：Emmanuel、Timothée、Nelly、Willy、Anna、Marguerite、Lydie、John、Elisabeth、Rose和Georges，就坐者：Daniel、Emma、Édouard、Georges-Édouard和Véréna

乔治-爱德华·伯爵（Georges-Edouard Piaget）于19世纪末为其妻子而特别创制的乌银装饰黄金怀表，伯爵私人典藏

1911年，乔治-爱德华·伯爵以及数位家族成员和工匠在Café Français老式建筑内的制表工坊前

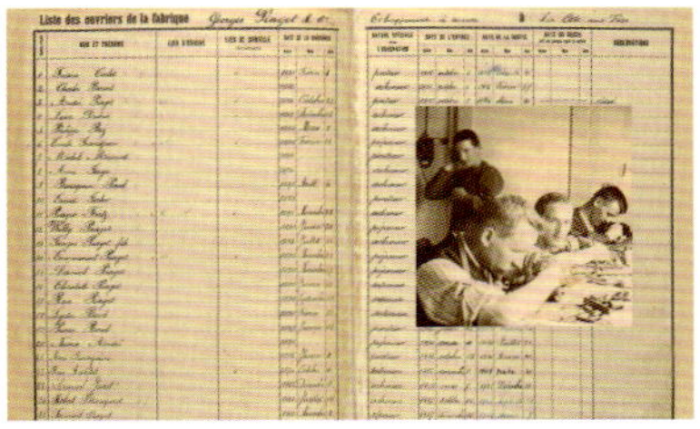

1911至1988年间的制表工坊员工资料登记簿，其中也记录了多位伯爵家族成员的信息

一间伯爵制表工坊，在近处，我们看到的是1910年左右的爱德华·伯爵和丹尼尔·伯爵（Daniel Piaget），他们正在工作台边全神贯注地工作

1945年左右的仙子坡（La Côte-aux-Fées）制表工坊

1950年左右的仙子坡（La Côte-aux-Fées）制表工坊机芯装配工坊

1950年左右，提摩太·伯爵（Timothée Piaget）在工作台边工作

1940年左右，杰拉尔德·伯爵（Gérald Piaget）漂洋过海将其创作的系列作品推广到国外

1940年左右，瓦伦汀·伯爵（Valentin Piaget）在山上

1959年推出的广告

1959年，发布有关日内瓦专卖店揭幕的文章，店名为“伯爵沙龙”

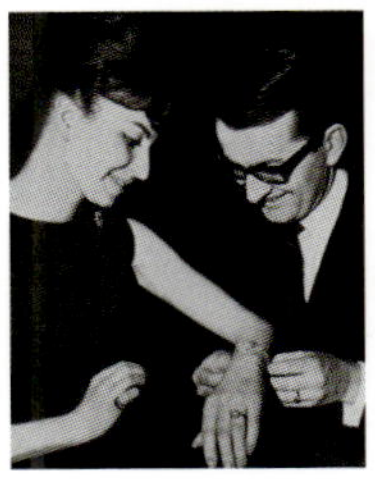

1963年，销售部副经理Emil Keller将一款伯爵腕表赠予瑞士圣莫里茨镇拜德鲁特斯皇宫酒店的一位女顾客

1969年，著名影星苏珊·汉姆谢（Susan Hampshire）在伦敦Asprey的伯爵专卖店橱窗前

1986年，伯爵马球世界杯在美国西棕榈滩举办，获得100,000美元经费

杰拉尔德·伯爵（Gérald Piaget）及其儿子伊夫（Yves）在仙子坡（La Côte-aux-Fées），1970年代末

1970年左右，伯爵珠宝师根据水粉画设计稿为一款手镯表进行宝石镶嵌的准备工作

图例

2014年的日内瓦Plan-les-Ouates制表工坊

永远做得比要求的更好

制表工具箱内镌刻品牌格言“Faire toujours mieux qu’il n’est nécessaire”（永远做得比要求的更好）

装有机芯零部件的制表工具抽屉，1920年左右

仙子坡的旖旎风光

仙子坡（La Côte-aux-Fées）制表工坊的机芯装饰工坊

分钟齿条的倒角修饰

伯爵自制1290P超薄自动上链三问机芯

Piaget Emperador三问腕表的音簧安装

伯爵自制838D超薄镶钻镂空机芯的时针轮桥板安装

Piaget Polo Tourbillon Relatif相对陀飞轮腕表的装配，这款以威尼斯为主题的表款采用大明火内填珐琅装饰，2006年

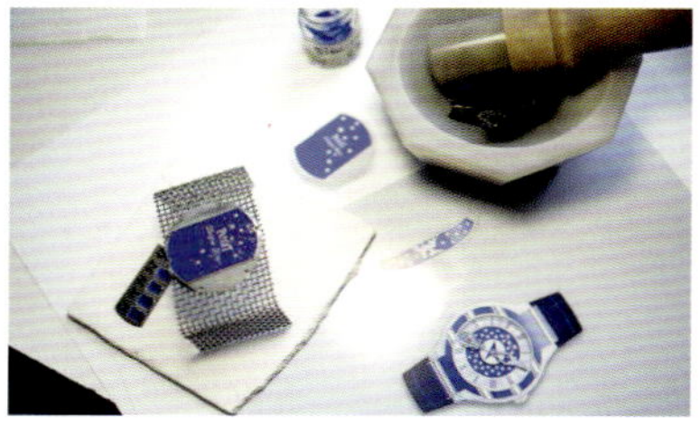

制作中的Piaget Polo Tourbillon Relatif相对陀飞轮腕表，该表款以大明火内填珐琅装饰诠释威尼斯主题，2006年

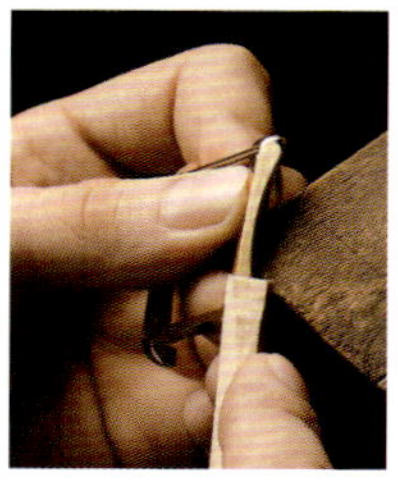

正在进行的腕表表肩雾面处理

组装一只以玫瑰金打造并镶嵌钻石和绿松石的高级珠宝手镯

对一枚珠宝手镯表的链带链节进行初加工

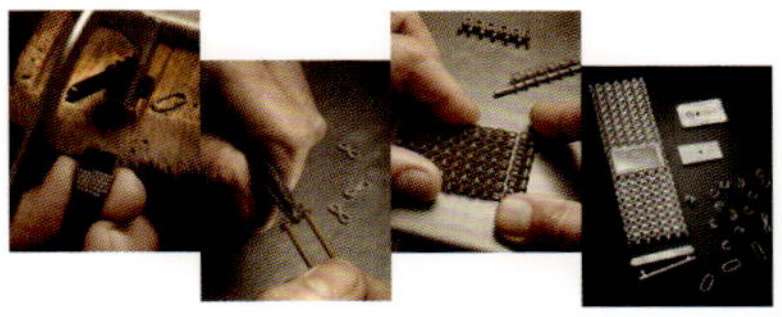

对一枚珠宝手镯表的链带进行加工：环圈的锯削和成型，链带的组装，表扣安装前的准备

为一枚高级珠宝神秘表绘制水彩设计稿

制作一枚高级珠宝神秘腕表的工艺流程：借助蜡模设计各种造型，将黄金材质冲制成零部件，修改和检验宝石镶嵌方案

对一枚高级珠宝神秘腕表进行质量检测和宝石镶嵌的准备工作

制作中的高级珠宝项链

制作一条高级珠宝项链的工艺流程：各部件的抛光和组装，中央宝石镶嵌前的准备

极致纤薄

Piaget Altiplano 900P超薄腕表，2014年

超薄腕表，白金，搭载伯爵自制9P手动上链超薄机芯，厚度2毫米，1980年，伯爵私人典藏

超薄腕表，黄金，搭载伯爵自制12P自动上链超薄机芯，厚度2.3毫米，1960年，伯爵私人典藏

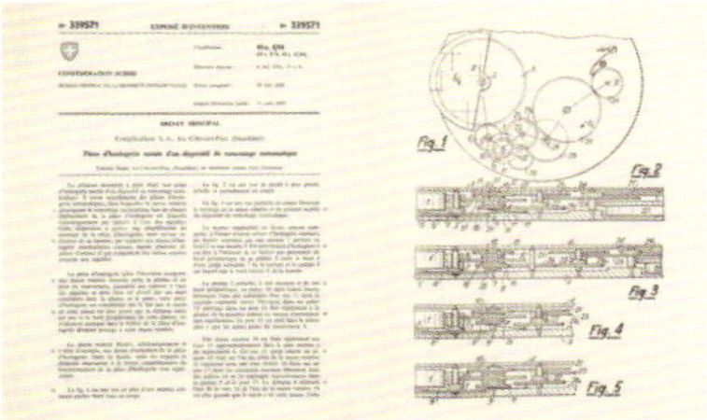

12P机芯专用钟表部件的自动上链装置的专利发明报告，瓦伦汀·伯爵（Valentin Piaget）于1958年5月以Complications SA公司的名义申请专利，并于1959年6月完成注册

左图：
曾为阿兰·德龙（Alain Delon）所有的超薄腕表，白金，雕纹表盘，搭载伯爵自制12P自动上链超薄机芯，1963年，伯爵私人典藏

右图：
1966年，阿兰·德龙和莱斯利·卡伦（Leslie Caron）参加电影*《巴黎战火》*（*Paris brûle-t-il ?*）首映礼

Piaget Altiplano超薄腕表，厚度5毫米，白金，搭载伯爵自制430P手动上链超薄机芯，厚度2.1毫米，1998年，伯爵私人典藏

Piaget Altiplano超薄腕表，小秒针，厚度6.6毫米，玫瑰金，搭载伯爵自制838P手动上链超薄机芯，厚度2.5毫米，2009年，伯爵私人典藏

Piaget Emperador陀飞轮腕表，动力储存，厚度9.62毫米，玫瑰金，搭载伯爵自制600P手动上链超薄浮动陀飞轮机芯，厚度3.5毫米，2003年，伯爵私人典藏

Piaget Emperador陀飞轮腕表，动力储存，厚度10.4毫米，玫瑰金，搭载伯爵自制1270P自动上链超薄浮动陀飞轮机芯，厚度5.5毫米，2013年

伯爵自制1208P机芯分解图，包含191枚零部件

Piaget Altiplano超薄腕表，小秒针，厚度5.25毫米，白金，搭载伯爵自制1208P自动上链超薄机芯，厚度2.35毫米，2010年

Piaget Altiplano超薄腕表，厚度3.65毫米，白金，搭载伯爵自制900P手动上链超薄机芯，2014年

黄金、色彩与天马行空的创意

手镯表，黄金，凸圆形宝石，硬质宝石表盘，搭载伯爵自制9P手动上链超薄机芯，1970年

从左到右，由上至下：
20美元硬币腕表 ，22K金（硬币）和18K金（表壳），搭载伯爵自制9P手动上链超薄机芯，1967年，伯爵私人典藏

硬币腕表，硬币上刻有温斯顿·丘吉尔（Winston Churchill）的肖像，22K金（硬币）和18K金（表壳），搭载伯爵自制9P手动上链超薄机芯，1965年，伯爵私人典藏

硬币腕表，硬币上刻有拿破仑三世（Napoléon III）的肖像 ，22K金（硬币）和18K金（表壳），搭载伯爵自制9P手动上链超薄机芯，1981年，伯爵私人典藏

20墨西哥比索硬币腕表 ，22K金（硬币）和18K金（表壳），搭载伯爵自制9P手动上链超薄机芯，1970年，伯爵私人典藏

硬币腕表，硬币上刻有若望二十三世（Jean XXIII）1958年当选教宗时所绘的肖像，22K金（硬币）和18K金（表壳），搭载伯爵自制9P手动上链超薄机芯，1958年，伯爵私人典藏

10美元硬币腕表，22K金（硬币）和18K金（表壳），搭载手动上链超薄机芯（厚度1.35毫米），John Piaget于1955年打造的独一表款，伯爵私人典藏

从左到右，由上至下：
珠宝腕表，白金，28颗圆形美钻（约重0.56克拉），白金表盘，太阳纹雾面打磨，搭载伯爵自制6N手动上链机械机芯，1967年，伯爵私人典藏

珠宝腕表，黄金，28颗圆形美钻（约重0.56克拉），黄金表盘（图案装饰与链带一样），搭配黑色移印巴顿时标，搭载伯爵自制6N手动上链机械机芯，1963年，伯爵私人典藏

珠宝腕表，白金，28颗圆形美钻（约重0.56克拉），白金表盘，太阳纹雾面打磨，搭载伯爵自制6N手动上链机械机芯，1962年，伯爵私人典藏

珠宝腕表，白金、黄金和玫瑰金，24颗圆形美钻（约重0.48克拉），搭载伯爵自制6N手动上链机械机芯，1965年，伯爵私人典藏

珠宝腕表，白金，28颗圆形美钻（约重0.56克拉），白金表盘图案装饰与链带一样，搭载伯爵自制6N手动上链机械机芯，1967年，伯爵私人典藏

珠宝腕表，黄金，28颗圆形美钻（约重0.56克拉），黄金表盘（图案装饰与链带一样），搭载伯爵自制6N手动上链机械机芯，1962年，伯爵私人典藏

珠宝腕表，54颗钻石（约重0.6克拉），玫瑰金，搭载伯爵自制430P手动上链超薄机械机芯，2012年

珠宝腕表，64颗钻石（约重0.9克拉），玫瑰金，搭载伯爵自制430P手动上链超薄机械机芯，2012年

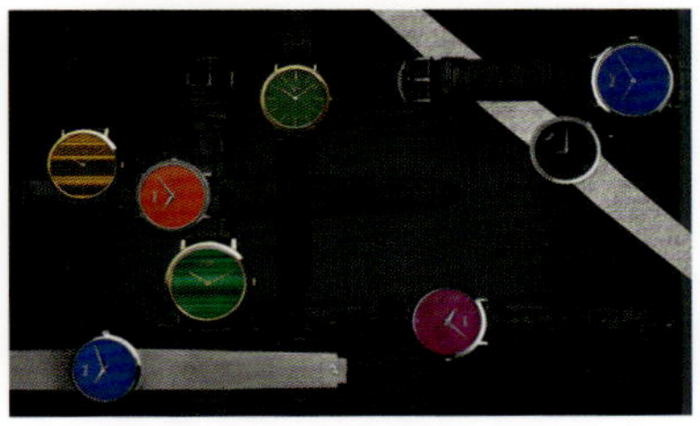

从左到右，由上至下：
超薄腕表，黄金，虎眼石表盘，搭载伯爵自制9P手动上链超薄机芯，1969年，伯爵私人典藏

超薄腕表，白金，青金石表盘，搭载伯爵自制9P手动上链超薄机芯，1973年，伯爵私人典藏

超薄腕表，白金，珊瑚表盘，搭载伯爵自制9P手动上链超薄机芯，1973年，伯爵私人典藏

Piaget Altiplano超薄腕表，黄金，孔雀石表盘，搭载伯爵自制430P手动上链超薄机芯，2012年

超薄腕表，黄金，玉石表盘，搭载伯爵自制9P手动上链超薄机芯，1974年，伯爵私人典藏

超薄腕表，白金，红宝石表盘，搭载伯爵自制9P手动上链超薄机芯，1963年，伯爵私人典藏

超薄腕表，白金，缟玛瑙表盘，搭载伯爵自制9P手动上链超薄机芯，1972年，伯爵私人典藏

图例

Piaget Altiplano超薄腕表，白金，青金石表盘，搭载伯爵自制430P手动上链超薄机芯，2012年

左图：
超薄腕表，黄金，青金石表盘镶嵌钻石，旋转小时显示盘，搭载伯爵自制12P自动上链超薄机芯，1979年，伯爵私人典藏

超薄腕表，黄金，珊瑚表盘镶嵌钻石，旋转小时显示盘，搭载伯爵自制9P手动上链超薄机芯，1978年，伯爵私人典藏

超薄腕表，黄金，缟玛瑙表盘镶嵌钻石，旋转小时显示盘，搭载伯爵自制9P手动上链超薄机芯，1974年，伯爵私人典藏

右图：
双时区腕表，黄金，珊瑚和缟玛瑙表盘，搭载两枚伯爵自制6P手动上链机芯，1978年，伯爵私人典藏

双时区腕表，白金，青金石和玉石表盘，搭载两枚伯爵自制6P手动上链机芯，1977年，伯爵私人典藏

曾为杰奎琳・肯尼迪（Jackie Kennecy）所有的珠宝腕表，黄金，32颗圆形美钻（约重0.6克拉），4颗祖母绿（约重0.1克拉），玉石表盘，搭载伯爵自制9P手动上链超薄机芯，1967年，伯爵私人典藏

1967年，杰奎琳・肯尼迪身着Valentino长裙参加在金边Chamkarmon王宫举办的晚宴

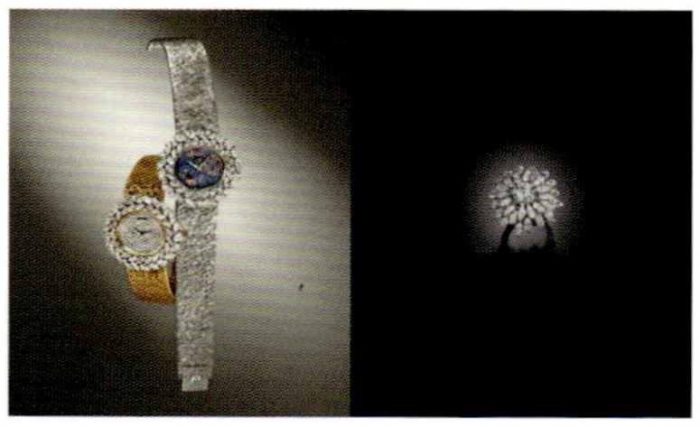

左图：
珠宝腕表，黄金，表盘铺镶钻石，44颗梭形切割美钻（约重4.7克拉），搭载伯爵自制9P手动上链超薄机芯，1976年，伯爵私人典藏

珠宝腕表，白金，欧泊石表盘，44颗马眼形切割美钻（约重4.7克拉 ，搭载伯爵自制9P手动上链超薄机芯，1972年，伯爵私人典藏

右图：
Limelight高级珠宝指环，白金，30颗圆形美钻（约重0.42克拉），32颗马眼形切割美钻（约重7.37克拉），1颗枕形美钻（约重3.15克拉），2014年

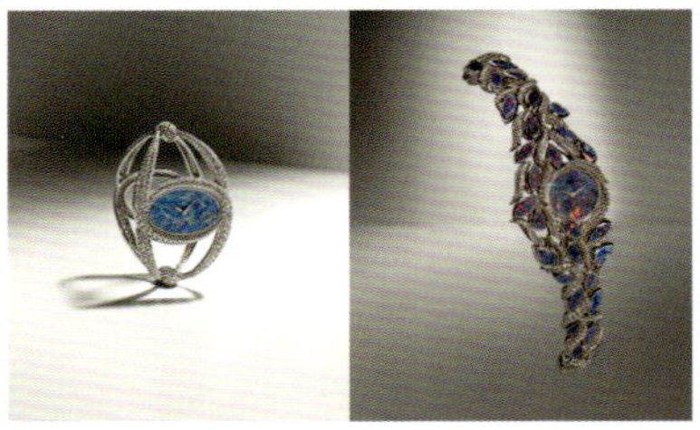

左图：
高级珠宝手镯表，白金，1000颗圆形美钻（约重24.5克拉），欧泊石表盘，搭载伯爵自制9P手动上链超薄机芯，1971年，伯爵私人典藏

右图：
高级珠宝腕表，白金，275颗圆形美钻（约重4.69克拉），34颗欧泊石，欧泊石表盘，搭载伯爵自制9P手动上链超薄机芯，1972年，伯爵私人典藏

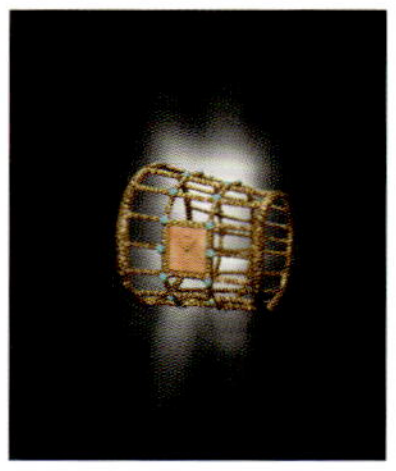

手镯表，黄金，32颗凸圆形绿松石，珊瑚表盘，搭载伯爵自制9P手动上链超薄机芯，1969年，伯爵私人典藏

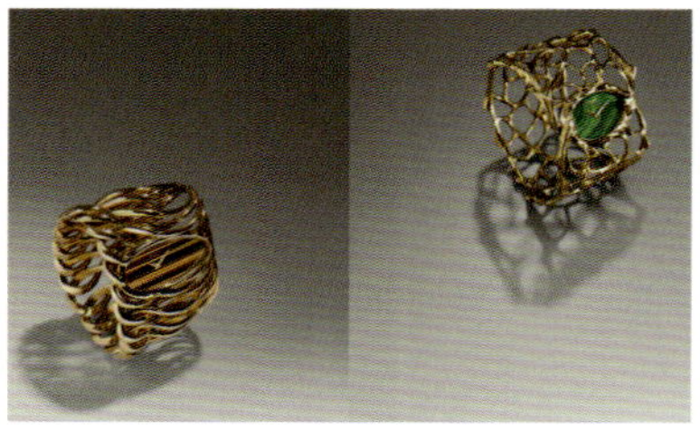

左图：
手镯表，黄金，虎眼石表盘，搭载伯爵自制9P手动上链超薄机芯，1969年，伯爵私人典藏

右图：
手镯表，黄金，孔雀石表盘，搭载伯爵自制9P手动上链超薄机芯，1970年，伯爵私人典藏

项链、耳环和腕表，黄金，凸圆形宝石，绿松石表盘，搭载伯爵自制9P手动上链超薄机芯，1969年，伯爵私人典藏

左图：
手镯表，黄金，凸圆形宝石，青金石表盘，搭载伯爵自制9P手动上链超薄机芯，1970年，伯爵私人典藏

右图：
黄金，64颗绿松石珠，70颗青金石珠，绿松石表盘，搭载伯爵自制6N手动上链机芯，1970年，伯爵私人典藏

1970年，艾文·潘恩（Irving Penn）为《*Vogue*》杂志拍摄的照片，主角为马里莎·贝伦森（Marisa Berenson），翡翠表盘怀表作为垂饰佩戴

左图：
手镯表，黄金，翡翠表盘，搭载伯爵自制9P手动上链超薄机芯，1969年，伯爵私人典藏

右图：
手镯表，黄金，红宝石表盘，搭载伯爵自制9P手动上链超薄机芯，1970年，伯爵私人典藏

1970年，詹尼·佩纳缇（Gianni Penati）为《*Vogue*》杂志拍摄的照片，长项链表，硬质宝石表盘

左图：
长项链表，黄金，珍珠，珊瑚表盘，搭载伯爵自制9P手动上链超薄机芯，1970年，伯爵私人典藏

右图：
手镯表，黄金，珍珠，珊瑚表盘，搭载伯爵自制9P手动上链超薄机芯，1974年，伯爵私人典藏

左图：
珠宝手镯表，白金，34颗圆形美钻（约重3.08克拉），青金石表盘，搭载伯爵自制9P手动上链超薄机芯，1970年，伯爵私人典藏

右图：
Limelight高级珠宝指环，玫瑰金，1颗枕形祖母绿（约重7.3克拉），2014年

珠宝腕表，白金，368颗圆形美钻（约重2.91克拉），16枚镶嵌缟玛瑙和绿松石的部件，缟玛瑙表盘，搭载伯爵自制9P手动上链超薄机芯，1977年，伯爵私人典藏

超薄腕表，白金，珍珠母贝和缟玛瑙表盘，搭载伯爵自制9P手动上链超薄机芯，1978年，伯爵私人典藏，

超薄腕表，白金，珍珠母贝和缟玛瑙表盘，搭载伯爵自制9P手动上链超薄机芯，1975年，伯爵私人典藏

超薄腕表，白金，珍珠母贝和缟玛瑙表盘、表圈和链带，搭载伯爵自制9P手动上链超薄机芯，1975年，伯爵私人典藏

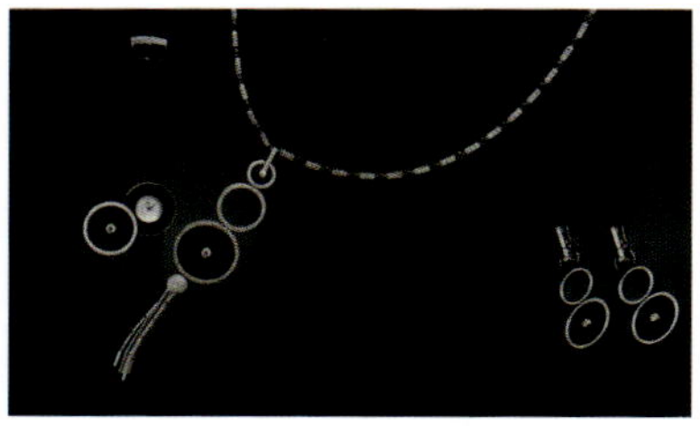

Limelight神秘腕表，白金，表盘铺镶钻石，200颗圆形美钻（1.4克拉），缟玛瑙表圈和表盖，搭载伯爵自制56P石英机芯，2007年，伯爵私人典藏

Limelight高级珠宝项链，白金，640颗圆形美钻（约重13.43克拉），41颗黑色蓝宝石（约重4.25克拉），2枚缟玛瑙圆盘，2007年

Limelight高级珠宝耳环，白金，190颗圆形美钻（约重4.44克拉），4枚缟玛瑙圆盘，2007年

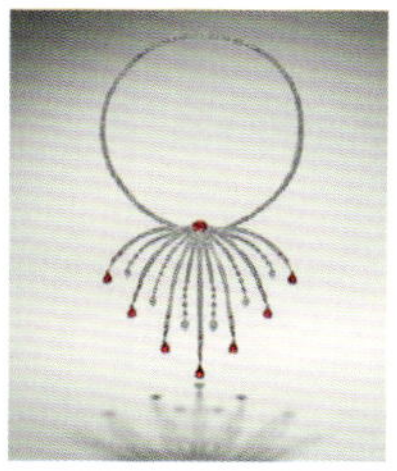

左图：
高级珠宝腕表，白金，表盘铺镶钻石，116颗圆形美钻（约重3.92克拉），79颗马眼形切割美钻（约重12.65克拉），14颗凸圆形红宝石（约重53.33克拉），搭载伯爵自制9P手动上链超薄机芯，1978年，伯爵私人典藏

右图：
Limelight高级珠宝项链，白金，373颗圆形美钻（约重30.5克拉），6颗梨形美钻（约重2.93克拉），7颗梨形红宝石（约重9.12克拉），1颗椭圆形红宝石（约重3.41克拉），29颗圆形红宝石（约重0.63克拉），2006年，伯爵私人典藏

伯爵与艺术家

达利金金币腕表正面为萨尔瓦多·达利（Salvador Dali）及其妻子卡拉（Gala）的侧面像，1966年

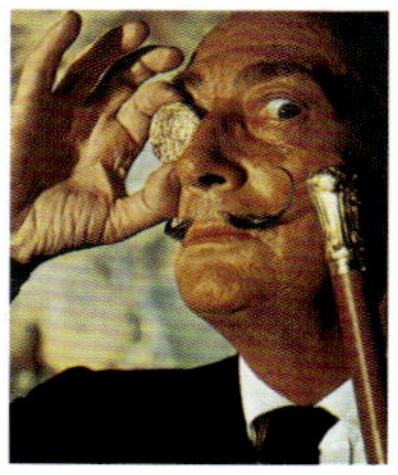

1970年，萨尔瓦多·达利将一枚面值为5的达利金币用作单片眼镜

达利金，神秘腕表，9枚达利金币（达利2金币、达利1金币和达利1/2金币），22K金（金币）和18K金（表壳），搭载伯爵自制9P手动上链超薄机芯，1973年，伯爵私人典藏

达利金袖扣，2枚达利1/2金币，22K金（金币）和18K金（底座），1970年代，伯爵私人典藏

达利金链条式手链表，1枚达利2金币，22K金（金币）和18K金（表壳），搭载伯爵自制9P超薄机械机芯，1971年，伯爵私人典藏

达利金指环，1枚达利1/2金币，22K金（金币）和18K金（底座），1970年代，伯爵私人典藏

1985年，伊夫·伯爵参加了格蕾丝王妃纪念基金会（Princess Grace Foundation）在华盛顿举办的一场盛大晚宴，安迪·沃霍尔为其拍摄照片

左图：
曾为安迪·沃霍尔（Andy Warhol）所有的手镯表，黄金，虎眼石表盘，搭载伯爵自制9P手动上链超薄机芯，1970年，伯爵私人典藏

曾为安迪·沃霍尔所有的腕表，黄金，Beta 21石英机芯，1973年，伯爵私人典藏

右图：
曾为安迪·沃霍尔所有的金币腕表，22K金（金币）和18K金（表壳），搭载伯爵自制9P手动上链超薄机芯，1974年，伯爵私人典藏

Quatuor à vent（*风的四重奏*），黄金和珍木雕塑，阿尔曼（Arman）为伯爵而创作的作品，1988年，伯爵私人典藏

1988年，阿尔曼（Arman）在他位于Saint-Paul-de-Vence的工作室里创作雕塑作品

1979年，伊夫·伯爵、卢德米拉·契琳娜（Ludmilla Tcherina）、阿尔曼（Arman）及其妻子Corice共同参加在摩纳哥赫米塔日大酒店（Hermitage Hotel）举办的招待会

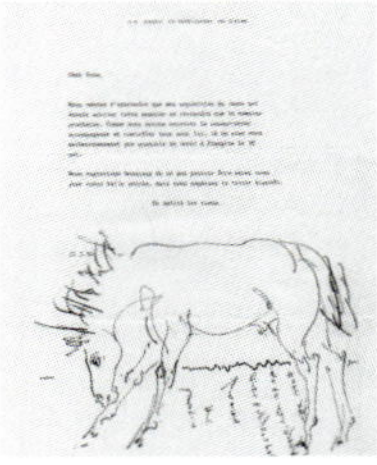

汉斯·埃尔尼（Hans Erni）于1990年写给伊夫·伯爵的信

2005年，皮尔和吉尔（Pierre et Gilles）在伯爵的摄影活动现场

“Rêve”（梦），艺术组合皮尔和吉尔（Pierre et Gilles）绘制的摄影作品，该作品于2007年在东京国立新美术馆举办的“Extravaganza”展览上亮相，伯爵典藏

伯爵社交圈

1983年，伯爵世界杯马球赛在美国西棕榈滩举办，乌苏拉·安德斯与伊夫·伯爵共同就坐于观众席中

依顺时针方向依次为：
1974年，米雷耶·马蒂厄（Mireille Mathieu）在瑞士的圣莫里茨，她脚踩在雪橇之上，颈间戴着一款长项链表

佩屈拉·克拉克（Petula Clark）佩戴一款长项链表，1971年

1967年，伯爵在格施塔德宫殿酒店举办展览，莫里斯·切瓦列（Maurice Chevalier）作为贵宾在该展开幕式的邀请函上签名

格施塔德宫殿酒店的冬季运动项目，1960年左右

莫里斯·切瓦列于1967年写给伊夫·伯爵的信

高级珠宝胸针，白金，65颗马眼形切割美钻（约重13克拉），1颗梨形祖母绿（约重4克拉），1970年左右

高级珠宝指环，白金，25颗马眼形切割美钻（约重4.5克拉），1颗梨形祖母绿（约重3.5克拉），1970年左右

高级珠宝项链，白金，210颗马眼形切割美钻（约重42克拉），1颗梨形祖母绿（约重9克拉），1970年左右

高级珠宝耳环，白金，52颗马眼形切割美钻（约重9.36克拉），2颗梨形祖母绿（约重2.5克拉），1970年左右

全套首饰：伯爵私人典藏

左图：
珠宝腕表，白金，44颗马眼形切割美钻（约重5.41克拉），青金石表盘，搭载伯爵自制9P手动上链超薄机芯，1977年，伯爵私人典藏

右图：
高级珠宝腕表，白金，88颗圆形美钻（约重14.5克拉），32颗祖母绿（约重4.98克拉），欧泊石表盘，搭载伯爵自制7P超薄石英机芯，1976年，伯爵私人典藏

曾为莫里斯·切瓦列（Maurice Chevalier）所有的超薄腕表，白金，白金表盘，采用与表带相同的图案装饰，搭载伯爵自制9P手动上链超薄机芯，1970年，伯爵私人典藏

1985年，安迪·沃霍尔（Andy Warhol）在纽约Régine's酒店为柯妮丽娅·盖斯特（Cornelia Guest）、波姬·小丝（Brooke Shields）、Régine和伊夫·伯爵（Yves Piaget）拍摄照片

1988年，伊夫·伯爵（Yves Piaget）、César、阿尔曼（Arman）、罗杰·佛吉（Roger Vergé）、丽莎·明奈利（Liza Minelli）和小萨米·戴维斯（Sammy Davis Jr）在钢琴边一起度过了一段默契十足的美妙时光

左图：
乌苏拉·安德斯（Ursula Andress）佩戴一款Piaget Polo腕表，1983年

右图：
Piaget Polo珠宝腕表，黄金，348颗钻石（约重1.88克拉），珍珠母贝表盘镶嵌钻石，搭载伯爵自制8P超薄石英机芯，1981年，伯爵私人典藏

Piaget Polo腕表，黄金，搭载伯爵自制7P超薄石英机芯，1982年，伯爵私人典藏

1985年，伯爵马球队球员从纽约第五大道的特朗普大厦（Trump Tower）骑马奔出

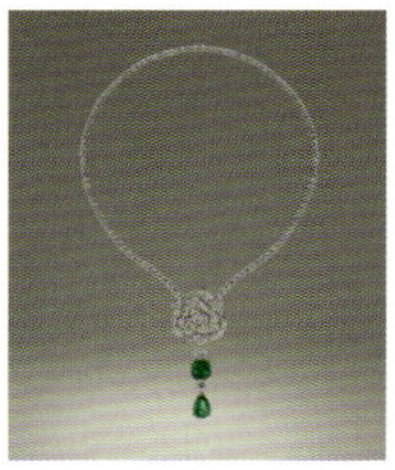

Limelight高级珠宝项链，白金，299颗圆形美钻（约重19.82克拉），1颗梨形祖母绿（约重4.11克拉），1颗枕形祖母绿（约重4.67克拉），2012年

左图：
1982年，著名园艺家Alain Meilland精心培育出的玫瑰品种被命名为伊夫·伯爵玫瑰®，以此来颂扬他对这花中之后的无限热爱

右图：
Limelight高级珠宝指环，白金，164颗圆形美钻（约重5.14克拉），1颗圆形美钻（约重2.3克拉），2013年

曾为伊丽莎白·泰勒（Liz Taylor）所有的手镯表，黄金，玉石表盘，搭载伯爵自制9P手动上链超薄机芯，1971年，伯爵私人典藏

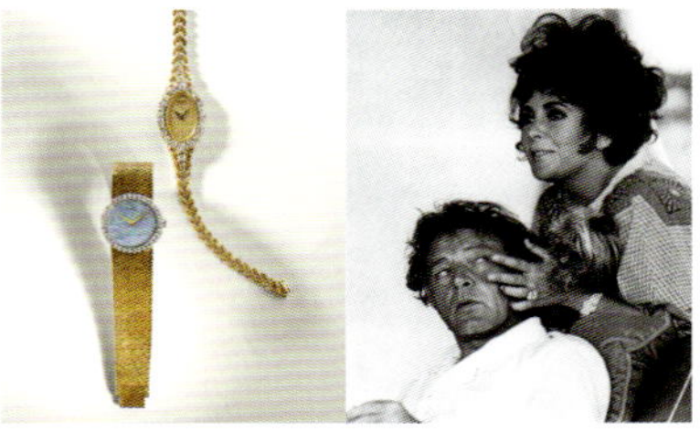

左图：
曾为伊丽莎白·泰勒（Liz Taylor）所有的珠宝腕表，黄金，白金装饰镶嵌36颗钻石（0.7克拉），欧泊石表盘，搭载伯爵自制9P手动上链超薄机芯，1967年，伯爵私人典藏

曾为伊丽莎白·泰勒所有的珠宝腕表，黄金，表盘铺镶钻石，28颗圆形美钻（约重2.39克拉），搭载伯爵自制4P手动上链超薄机芯，1981年，伯爵私人典藏，

右图：
1967年，理查德·伯顿（Richard Burton）和伊丽莎白·泰勒乘坐私人游艇“Kalizma”号出游，伊丽莎白佩戴着一款伯爵珠宝腕表

曾为吉娜·劳洛勃丽吉达（Gina Lollobrigida）所有的镶钻黄金胸针和黄金编织晚宴包，1980年左右，伯爵私人典藏

左图：
Piaget Polo相对陀飞轮腕表，白金，
以巴黎为主题的大明火内填珐琅装饰，
搭载伯爵自制608P手动上链相对陀飞轮机芯，
2008年

右图：
高级珠宝怀表，白金，缟玛瑙表盘镶嵌4颗
钻石，132颗长方形美钻（约重11.29克拉），
110颗圆形美钻（约重5.93克拉），搭载伯爵
自制9P手动上链超薄机芯，1981年，
伯爵私人典藏

2001年，杰西卡·克莱格·马尔丹（Jessica
Craig Martin）在纽约Bungalow 8夜总会的
晚宴上拍摄的Piaget Polo腕表

2014年，巩俐亮相戛纳电影节，
Limelight高级珠宝系列耳环和手镯

左图：
Limelight高级珠宝手镯，白金，
622颗圆形美钻（约重12.04克拉），
1颗圆形美钻（约重1.01克拉），2012年

右图：
Miss Protocole珠宝腕表，白金，羽毛表带，
30颗圆形美钻（约重0.22克拉），搭载伯爵
自制56P石英机芯，1999年，伯爵私人典藏

左图：
Limelight高级珠宝腕表，白金，
944颗圆形美钻（约重29.32克拉），
11颗梨形美钻（约重1.13克拉），
搭载伯爵自制56P石英机芯，
2004年

右图：
Limelight高级珠宝项链，白金，
122颗圆形美钻（约重32.94克拉），
20颗梨形祖母绿（约重24.45克拉），
1颗枕形祖母绿（约重20.37克拉），2011年

Limelight高级珠宝神秘腕表 ，白金，
296颗圆形美钻（约重20.7克拉），
142颗梨形美钻（约重47.8克拉），
2颗马眼形切割美钻（约重3.5克拉），
66颗长方形美钻（约重4.2克拉），
搭载两枚伯爵自制56P石英机芯，2009年

左图：
Limelight高级珠宝腕表，白金，
277颗长方形美钻（约重49.7克拉），
搭载伯爵自制40P手动上链超薄机芯，
1989年

右图：
Limelight高级珠宝项链，白金，
1513颗圆形美钻（约重44.19克拉），
133颗长方形美钻（约重16.77克拉），
11颗玫瑰式切割美钻（约重5.96克拉），
4颗梨形美钻（约重7.55克拉），2012年

Piaget Altiplano超薄腕表，小秒针，
厚度5.25毫米，白金，搭载伯爵自制
1208P自动上链超薄机芯，厚度2.35毫米，
2010年

珠宝腕表，白金，24颗马眼形切割美钻
（约重2.32克拉），欧泊石表盘，搭载伯爵
自制9P手动上链超薄机芯，1969年

Possession指环，白金，122颗圆形美钻
（约重3.89克拉），2006年，伯爵私人典藏

珠宝手镯表，白金，34颗圆形美钻
（约重3.08克拉）青金石表盘，
搭载伯爵自制9P手动上链超薄机芯，
1970年，伯爵私人典藏

Possession指环，白金，76颗圆形美钻
（约重1.15克拉），2005年

Possession耳环
白金，54颗圆形美钻（约重0.82克拉），
2002年

Limelight高级珠宝指环，白金，
50颗圆形美钻（约重0.82克拉），
1颗梨形美钻（约重3.3克拉），2012年

Limelight高级珠宝耳环，白金，
46颗圆形美钻（约重8克拉），2003年

Limelight高级珠宝手镯，白金，
211颗圆形美钻（约重16.47克拉），
2005年

Possession耳环，100颗圆形美钻
（约重1.85克拉），2007年

Limelight Gala高级珠宝腕表，白金，
741颗圆形美钻（约重19.2克拉），
搭载伯爵自制690P石英机芯，2013年

Possession指环，白金，
122颗圆形美钻（约重3.89克拉），
2006年，伯爵私人典藏

Piaget Altiplano手动上链腕表，厚度6毫米，
白金，搭载伯爵自制430P手动上链超薄机芯，
厚2.1毫米，2002年

Piaget Polo腕表，黄金，
搭载伯爵自制7P超薄石英机芯，1982年，
伯爵私人典藏

Piaget Polo珠宝腕表，黄金，
348颗钻石（约重1.88克拉），
珍珠母贝表盘镶嵌钻石，
搭载伯爵自制8P超薄石英机芯，1981年，
伯爵私人典藏，

Possession指环，黄金，
1颗圆形美钻（约重0.13克拉），1993年

Piaget Altiplano超薄腕表，厚度5.34毫米，
玫瑰金，搭载伯爵自制1200S自动上链超薄
镂空机芯，厚度2.4毫米，2013年

Possession指环，玫瑰金，37颗圆形美钻
（约重0.60克拉），2006年

乔治-爱德华·伯爵（Georges-Édouard
Piaget）于19世纪末为其妻子而特别创制的
乌银装饰黄金怀表，伯爵私人典藏

Limelight Magic Hour珠宝腕表，
玫瑰金，表盘铺镶钻石，752颗圆形美钻
（约重6.4克拉），搭载伯爵自制56P石英机芯，
2012年

Piaget Rose指环，白金，178颗圆形美钻
（约重5.31克拉），1颗圆形美钻
（约重0.5克拉），2007年

Piaget Rose珠宝耳环，白金，206颗圆形
美钻（约重2.87克拉），2012年

Limelight高级珠宝项链，白金，
299颗圆形美钻（约重19.82克拉），
1颗梨形祖母绿（约重4.11克拉），
1颗枕形祖母绿（约重4.67克拉），2012年

Limelight高级珠宝项链，白金，640颗圆形美钻（约重13.43克拉），41颗黑色蓝宝石（约重4.25克拉），2枚缟玛瑙圆盘，2007年

Limelight高级珠宝耳环，白金，190颗圆形美钻（约重4.44克拉），4枚缟玛瑙圆盘，2007年

Limelight神秘腕表，白金，表盘铺镶钻石，200颗圆形美钻（1.4克拉），缟玛瑙表圈及表盖，搭载伯爵自制56P石英机芯，2007年，伯爵私人典藏

Piaget Altiplano超薄腕表，白金，青金石表盘，搭载伯爵自制430P手动上链超薄机芯，2012年

Piaget Altiplano超薄腕表，厚度3.65毫米，白金，搭载伯爵自制900P手动上链超薄机芯，2014年

Piaget Emperador陀飞轮腕表，动力储存，厚度9.62毫米，玫瑰金，搭载伯爵自制600P手动上链超薄浮动陀飞轮机芯，厚度3.5毫米，2003年，伯爵私人典藏

Piaget Altiplano超薄腕表，厚度5.34毫米，玫瑰金，搭载伯爵自制1200S自动上链超薄镂空机芯，厚度2.4毫米，2013年

Limelight高级珠宝指环，白金，187颗圆形美钻（约重1.81克拉），1颗圆形美钻（约重2克拉），2013年

Miss Protocole珠宝腕表，白金，30颗圆形美钻（约重0.22克拉），羽毛表带，搭载伯爵自制56P石英机芯，1999年，伯爵私人典藏

Possession耳环，白金，40颗圆形美钻（约重0.29克拉），2013年

项链、耳环和腕表，黄金，凸圆形宝石，绿松石表盘，搭载伯爵自制9P手动上链超薄机芯，1969年，伯爵私人典藏

Possession指环，白金，76颗圆形美钻（约重1.15克拉），2005年

Possession耳环，白金，102颗圆形美钻（约重1.91克拉），2013年

Possession垂饰，白金，79颗圆形美钻（约重2.06克拉），2007年

Possession手镯，白金，101颗圆形美钻（约重1.81克拉），2013年

Possession耳环，黄金，26颗圆形美钻（约重0.5克拉），2006年

高级珠宝腕表，黄金，87颗马眼形切割美钻（约重22.13克拉），搭载伯爵自制8P超薄石英机芯，1989年，伯爵私人典藏

曾为安迪·沃霍尔（Andy Warhol）所有的金币腕表，24K金（金币）和18K金（表壳），搭载伯爵自制9P手动上链超薄机芯，1974年，伯爵私人典藏

达利金神秘腕表，22K金（硬币）和18K金（表壳），搭载伯爵自制9P手动上链超薄机芯，1979年，伯爵私人典藏

达利金袖扣，22K金（金币）和18K金（外部结构），1979年，伯爵私人典藏

高级珠宝首饰，白金，287颗马眼形切割美钻（约重55.86克拉），4颗梨形祖母绿（约重15克拉），1970年左右，伯爵私人典藏

Piaget Altiplano超薄腕表，厚度6毫米，白金，搭载伯爵自制430P手动上链超薄机芯，厚度2.1毫米，2002年

Limelight高级珠宝手镯，白金，622颗圆形美钻（约重12.04克拉），1颗圆形美钻（约重1.01克拉），2012年

Limelight高级珠宝面具，白金，400颗圆形美钻（约重14.02克拉），3颗梨形美钻（约重1.29克拉），2006年

Limelight高级珠宝耳环，白金，38颗圆形美钻（约重4.75克拉），24颗梨形美钻（约重5.03克拉），2012年

Limelight高级珠宝项链，白金，122颗圆形美钻（约重21.46克拉），39颗梨形美钻（约重12.21克拉），1颗梨形美钻（约重2.07克拉），2012年

Limelight高级珠宝项链，白金，122颗圆形美钻（约重32.94克拉），20颗梨形祖母绿（约重24.45克拉），1颗枕形祖母绿（约重20.37克拉），2011年

Limelight高级珠宝耳环，白金，24颗圆形美钻（约重4.80克拉），12颗梨形祖母绿（约重10.10克拉），2011年

Altiplano高级珠宝超薄腕表，厚度6.44毫米，白金，493颗圆形美钻（约重3.63克拉），84颗长方形美钻（约重5.53克拉），搭载伯爵自制1200P自动上链超薄机芯，厚度2.35毫米，2012年

从左至右：
广告，《*La Suisse Horlogère*》杂志，
1953年和1955年

左图：
Piaget Polo腕表，1986年

右图：
一款镶有马眼形切割红宝石和钻石的高级
珠宝腕表，《*Connaissance des Arts*》
（*艺术知识*）杂志，1983年

左图：
搭载12P超薄机芯的腕表，1960年左右

右图：
广告，《*Journal Suisse d'Horlogerie*》杂志，
1959年

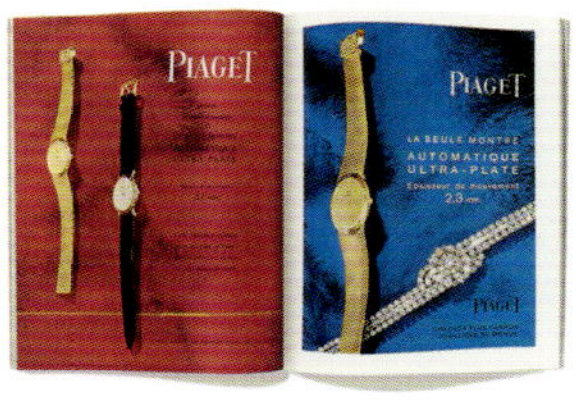

左图：
搭载12P超薄机芯的腕表，1960年左右

右图：
搭载12P超薄机芯的高级珠宝神秘腕表及
腕表，1960年左右

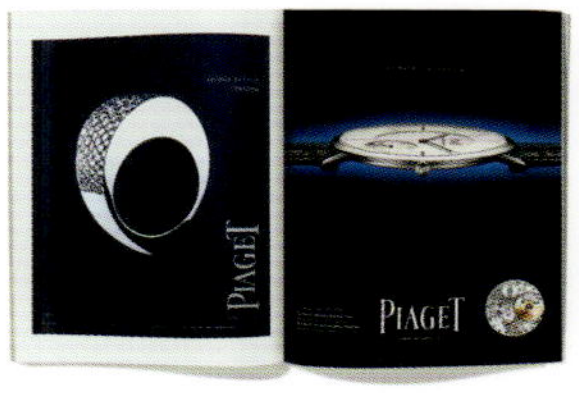

左图：
Limelight指环，《*Vogue*》杂志巴黎版，
2001年

右图：
Piaget Altiplano腕表及其1208P超薄机芯，
2010年

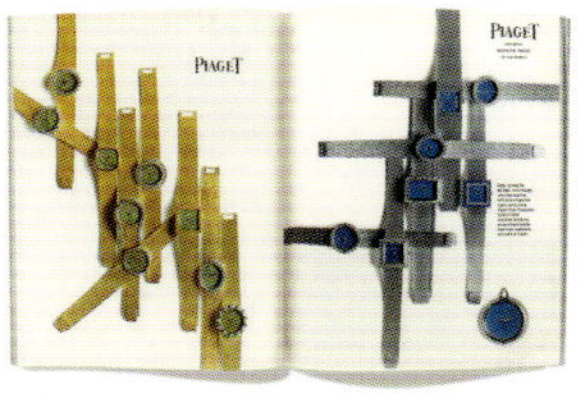

左图：
多款搭配金质链带的表款，1970年左右

右图：
多款搭配金质链带的表款，1970年左右

左图：
在纽约城市风采衬托下的手镯表，
《*Vogue*》杂志，1971年

右图：
一款镶嵌青金石的长项链表，1969年

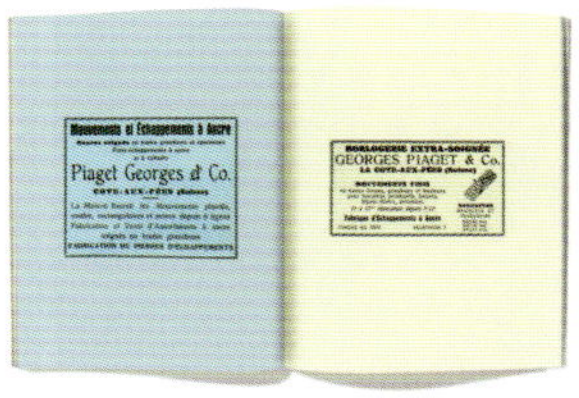

从左至右：
Georges Piaget & Co 公司广告，《*达瓦纳
官方钟表业目录*》（*L'Indicateur Davoine*），
1916年和1930年

左图：
一款硬质宝石表盘的珠宝腕表，1970年

右图：
多款搭配欧泊石表盘的珠宝表款，1973年

左图：
一款镶嵌欧泊石和钻石的手镯表，
《*Vogue*》杂志，1972年

右图：
一款将硬质宝石和珍贵宝石巧妙融合的
珠宝腕表，《*Vogue*》杂志，1972年

左图：
广告，1940年代末

右图：
搭载12P超薄机芯的腕表，1960年左右

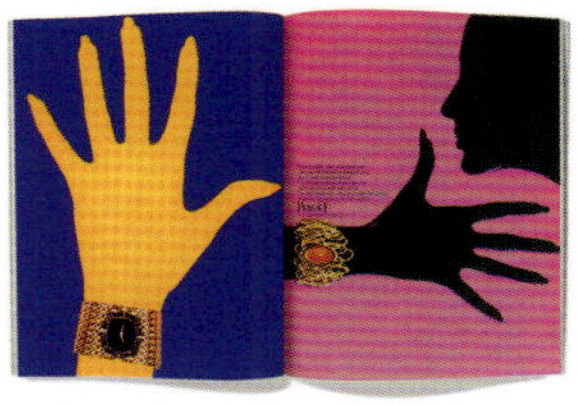

从左至右：
Willy Rizzo拍摄的广告，1969年

参考书目

出版物

柯罗尼·弗朗格（Cologni Franco），内格雷蒂·詹皮耶罗（Negretti Giampiero），南奇尼·弗朗格（Nencini Franco），*“1874-1994 伯爵钟表与奇迹”（Montres et Merveilles de Piaget 1874-1994）*，巴黎和洛桑，艺术图书馆出版社（La Bibliothèque des Arts），1994年

柯罗尼·弗朗格（Cologni Franco），*伯爵（Piaget）*，巴黎，阿苏利纳出版社（Assouline），2001年

柯罗尼·弗朗格（Cologni Franco），*伯爵珠宝（Piaget Joaillerie）*，巴黎，阿苏利纳出版社（Assouline），2001年

柯罗尼·弗朗格（Cologni Franco），*伯爵（Piaget）*，巴黎，阿苏利纳出版社（Assouline），2010年

东泽·皮埃尔-伊夫（Donzé Pierre-Yves），*“瑞士制表业历史：由雅克·大卫至尼古拉斯·海耶克（1850-2000）”（Histoire de l'industrie horlogère suisse, de Jacques David à Nicolas Hayek（1850-2000））*，纳沙泰尔（Neuchâtel），瑞士大学Alphil出版社，2009年

艾华德·莫里斯（Evard Maurice），谢林·奥托（Schelling Otto），“每日一图记录1862至1933年：二十世纪初的纳沙泰尔、瓦勒德特拉费及其周边地区”（Images d'un jour, images d'autrefois 1862-1933: pays de Neuchâtel, le Val-de-Travers et ses environs au début du XXe siècle），圣科瓦（Sainte-Croix），贝尔韦代尔出版社（Les Presses du Belvédère），2007年

古唐·弗朗西斯（Gouten Francis），斯特姆·法比耶纳·泽维尔（Sturm Fabienne Xavière），*“钟表与奇迹：日内瓦钟表博物馆与伯爵私人典藏的200件珍稀藏品”（Montres et Merveilles, 200 créations rares provenant du Musée de l'horlogerie de Genève et des Collections Privées Piaget）*，展览目录，米兰王宫（Palazzo Reale），1992年10月23日－11月22日，米兰，艾莱科特出版社（Electa），1992年；展览目录，钟表博物馆，日内瓦，1994年4月13日－8月28日，米兰，艾莱科特出版社（Electa），1994年

居约·威利（Guyot Willy），*“纳沙泰尔地区”（Pays de Neuchâtel）*，拉绍德封，库瓦西耶印刷厂（Imprimerie Courvoisier），1964年

凯勒·埃米尔（Keller Emil），*“激情时刻，黄金一代：我与伯爵的40年”（Heures passionnantes, Temps en or. Mes 40 années avec Piaget）*，巴黎，作家出版社（Éditions Société des Écrivains），2004 年

克劳泽尔·埃里克-安德烈（Klauser Éric-André），佩林·安德烈（Perrin André），*“老照片与明信片里的十九世纪末到二十世纪中叶的瓦勒德特拉费”（Val-de-Travers de la fin du XIXe siècle au milieu du XXe siècle par des photographies et des cartes postales anciennes）*，圣柏列兹（Saint-Blaise），鲁奥出版社（Editions du Ruau），1990年

拉斐·贺拉斯A.（Laffaye Horace A.），*“马球在美国（Polo in the United States）。一段历史（A history）”*，杰弗逊（Jefferson），北卡罗来纳州和伦敦，麦克法兰公司出版社（McFarland & Company Inc Publishers），2011年

朗德斯·大卫S.（Landes David S），*“此时此刻，钟表制造商：时间记录者与世界缔造者”（L'heure qu'il est. Les horlogers, la mesure du temps et la formation du monde）*，巴黎，伽利玛出版社（Gallimard），1987年

蒙坦顿·玛丽-路易丝（Montandon Marie-Louise），*“纳沙泰尔的蕾丝”（La Dentelle de Neuchâtel）*，奥韦尼耶（Auvernier），罗塞出版社（Editions Le Roset），1998年

伊夫·伯爵（Piaget Yves），*“时间金匠：对话让·奥里泽”（Orfèvre du temps. Dialogues avec Jean Orizet）*，巴黎，Le Cherche-Midi出版社，2010年

普里查德·凯瑟琳H.（Pritchard Kathleen H.），*“1775年至1975年瑞士钟表制造商”（Swiss Timepiece Makers 1775-1975）*，第二卷。纳沙泰尔，安托万西莫南出版社（Antoine Simonin），1997年

卡尔蒂耶-拉-唐特·爱德华（Quartier-La-Tente Édouard），*“仙子坡：用刻刀速描历史专著”（La Côte-aux-Fées: esquisse historique et monographique avec gravures）*，纳沙泰尔，J-J科斯林出版社（J-J Kissling），1890年

卡尔蒂耶-拉-唐特·爱德华（Quartier-La-Tente Édouard），*“纳沙泰尔地区志：由起源到现在，地方历史专题回顾－瓦勒德特拉费”（Le Canton de Neuchâtel. Revue historique et monographique des communes du canton, de l'origine à nos jours: Le Val-de-Travers）*。纳沙泰尔，阿廷杰兄弟出版社（Attinger Frères），1893年

罗伊J.（Roy J.），*“1849-1949历史一页，仙子坡自由教堂周年庆（Une page d'histoire 1849-1949. Jubilé de l'Église libre de la Côte-aux-Fées）”*，伊韦尔东（Yverdon），H Cornaz出版社，1949年

特瓦纳·路易斯（Thévenaz Louis），*“纳沙泰尔地区史，由州委员会献给纳沙泰尔的青年一代，1848–1948”（Histoire du Pays de Neuchâtel. Dédiée à la jeunesse neuchâteloise par décision du conseil d'état, 1848-1948）*，纳沙泰尔，纳沙泰尔共和政体百年委员会（Comité Directeur du Centenaire de la République neuchâteloise），1948年

马克斯·韦伯（Weber Max），*“新教伦理与资本主义精神”（The Protestant ethic and the spirit of capitalism）*，巴黎，伽利玛出版社（Gallimard），2003年

期刊

《时尚芭莎》（Harper's Bazaar），纽约，赫斯特国际集团（The Hearst Corporation）

《达瓦纳指标与瑞士及周边国家制表通用指标》（Indicateur Davoine et indicateur général de l'horlogerie suisse et limitrophe），拉绍德封，A Gogler SA中央宣传部，1893-1969 年

《访谈》（Interview），纽约，Interview Entreprises, Inc公司，1969-1987年

《日内瓦报》（Journal de Genève），日内瓦，日内瓦报，1826-1991年

《瑞士钟表报：环球钟表杂志》（Journal suisse d'horlogerie: revue horlogère universelle），日内瓦，瑞士钟表报，1876-1918年

《瑞士钟表与发明刊物——专供制表商，珠宝商，金银匠及工程师：钟表与相关产业的专利、商标和外观设计的国际导报》（Journal suisse d'horlogerie et Inventions – revue pour l'horloger, le bijoutier, l'orfèvre et le mécanicien: moniteur international des brevets, marques, dessins et modèles concernant l'horlogerie et les industries annexes），日内瓦，瑞士钟表与发明刊物，1918-1920年

《瑞士钟表与珠宝杂志》（Journal suisse d'horlogerie et de bijouterie），纳沙泰尔和日内瓦，瑞士钟表与珠宝杂志，1921-1935年

《瑞士钟表与珠宝杂志以及瑞士钟表巴塞尔博览会官方公报：

瑞士制表业杂志》(Journal suisse d'horlogerie et de bijouterie et Bulletin officiel de la Foire suisse de l'horlogerie à Bâle: revue de la Société suisse de chronométrie)，洛桑，瑞士钟表与珠宝杂志，1935-1947年

《瑞士钟表与珠宝杂志：欧洲钟表与珠宝业巴塞尔博览会官方公报》(Journal suisse d'horlogerie et de bijouterie: bulletin officiel de la Foire européenne de l'horlogerie et de la bijouterie à Bâle)，洛桑，瑞士钟表与珠宝杂志，1948-1984年

《JSH：瑞士出口钟表与珠宝杂志》(JSH: journal suisse d'horlogerie et de bijouterie export)，拉孔韦尔雄(La Conversion)/洛桑，Scriptar出版社，1984-1995年

《法国日报》(Jours de France)，巴黎，哈瓦斯出版集团(Havas)，1954-1988年

《瑞士钟表联盟：汝拉山工业、商会、控制办公室与产业工会州际协会机关刊物》(La Fédération horlogère suisse: organe de la Société intercantonale des industries du Jura, des chambres de commerce, des bureaux de contrôle et des syndicats industriels)，拉绍德封，库瓦西耶印刷厂(Imprimerie Courvoisier)，1886-1945年

《瑞士表业-瑞士钟表业公会、雇主联盟、商会、控制办公室、瑞士钟表信息与信托(FIDHOR)官方机构》(La Suisse horlogère – organe officiel de la Chambre suisse de l'horlogerie, des associations patronales, des chambres de commerce, des bureaux de contrôle, de l'Information Horlogère suisse et de la Fiduciaire horlogère (FIDHOR))，拉绍德封：瑞士钟表业公会：瑞士钟表信息：瑞士钟表信托，1948-1982年

《瑞勒德特拉费工业，瓦勒德特拉费制表业，从起源到今天》(Le Val-de-Travers industriel. L'horlogerie au Val-de-Travers. De ses origines à nos jours)。系列一，"我的瓦隆"(mon Vallon)特辑6，弗勒里耶(Fleurier)，蒙唐东印刷公司(Imprimerie Montandon & Co)，1937年11月

《巴黎服饰与时尚公报》(L'Officiel de la couture et de la mode de Paris)，巴黎，Jalou出版社

米歇尔·雅克(Michel Jacques)，达利达利(Dalí par Dalí)，《世界报》(Le Monde)，巴黎，1971年3月17日

《日内瓦钟表与珠宝》(Montres et bijoux de Genève)，展览目录，拉特美术馆(Rath Museum)，1958-1976年

《棕榈滩日报》(Palm Beach Daily News)，棕榈滩，戴维斯出版公司(Davies Publishing Co)

《巴黎竞赛》(Paris Match)，Lagardère Active出版社，巴黎

《法国情趣》(Plaisir de France)，巴黎，法国出版社(Publications de France)，1945-1976年

《国际钟表期刊》(Revue internationale de l'horlogerie)，拉绍德封，库瓦西耶印刷厂(Imprimerie Courvoisier)，1900-1960年

巴黎版《Vogue》，巴黎，康泰纳仕出版社(Editions Condé Nast)

《Vogue》，纽约，康泰纳仕出版社(Condé Nast Publications)

意大利版《Vogue》，米兰，康泰纳仕出版社(Edizioni Condé Nast)

《Watch Time》，纽约，埃布纳国际出版社(Ebner Publishing International)

书写和印刷资料来源

公开记录

- 纳沙泰尔山区：出生与婚姻登记
- 纳沙泰尔州：伯爵工坊相关记录
- 纳沙泰尔商务注册：有关Georges Piaget & Cie、Piaget & Co以及伯爵SA 原制表工坊Georges Piaget & Complications SA公司名称的公开记录
- 日内瓦：关于Ponti & Gennari、Baumgartner SA、U Rotach以及R Staffelbach公司的公开记录
- 仙子坡(La Côte-aux-Fées)：婚姻、出生与社区生活登记
- 历峰集团(Richemont International SA)法律事务和知识产权部门：公司名称演变的相关记录
- 国际钟表博物馆(International Museum of Horology)，"人与时间"(Man and time)，拉绍德封。文献中心和图书馆：制表文献
- 瓦勒德特拉费地区博物馆：瓦勒德特拉费制表记录
- 安迪·沃霍尔博物馆(Andy Warhol Museum)，匹兹堡(Pittsburgh)：伯爵相关记录

伯爵工坊相关记录

- 报刊文章
- 工坊笔记
- 信函
- 素描
- 图纸
- 摄影样张和技术方案
- 水粉画
- 分类帐
- 员工登记
- 手写笔记
- 技术方案

伯爵工坊出版物

- 1940年至今的商品目录
- 宣传资料袋
- *百年伯爵(Piaget centenary)*。伯爵1874-1974年
- *环球伯爵(Piaget in the world)*，1962年
- 伯爵新闻

瑞士联邦知识产权局(Swiss Federal Institute of Intellectual Property)，伯尔尼

- 伯爵工坊申请的专利
- 商标注册

图片来源

- 伯爵图片库
- 皮埃雷特·布鲁格(Pierrette Brügger)的图片
- 鲁斯·巴贝扎(Ruthy Barbezat)的图片
- 丹尼斯·伯爵(Denis Piaget)的图片
- 丹尼尔·谢林(Daniel Schelling)的图片
- 丹尼斯·弗吕克格尔(Denis Flückiger)的图片
- 格施塔德皇宫酒店(Gstaad Palace)的图片
- 安迪·沃霍尔博物馆(Andy Warhol Museum)的图片

图片来源

正文页2-3、4-5、6-7、20-21、22-23、44-45、46-47、96-97、98-99、136-137、138-139、176-177、178-179、234-235、236-237、258-259、260-261、304-305：图片来自©Steve Hiett

封面和正文页16、19、24、26、29、30、32-33、35、36、39、40、42、43、55、106、112、140、144、145、146、147、150、154、155、156、157、158、159、160、161、164、165、166、167、183、184-185、186、188-189、190、191、192、196、197、198、199、201、202、203、204-205、206、207、210、211、214、215、216、217、218、220-221、222-223、224、225、242-243、246、247、249、266-267、268、269、271、277、281、282、283、284、286、289、290、291、296、297、298、299、300-301、302、303：图片来自©Philippe Garcia

第12页：图片来自Raphaël Gaillarde© Gamma-Rapho，经Getty Images许可使用。

第48页、第52-53页、第56-57页、第59页、第68-69页：图片来自©私人基金会

第51页：图片来自Jeremy Bierer©纳沙泰尔山的婚姻登记（左上图）；图片来自©私人基金会；文件来自©伊韦尔东（Yverdon）的H. Cornaz印刷厂

正文页58-59、71、84-93、148-149、162、170-175、226-229、238：文件来自©伯爵档案馆 - 版权所有

第63页：图片来自©私人基金会©伯爵档案馆 - 版权所有

第64页：图片来自©Daniel Schelling基金©伯爵档案馆 - 版权所有

正文页65、66、72、80、168-169、180、238、278-279：图片来自©伯爵档案馆 - 版权所有

第73页：图片来自Ian Showell© Getty Images

正文页76-77、262（细节）、276：图片来自©Lucien Capehart Photography

第79页：图片来自摄影师Monique Jacot©伯爵档案馆 - 版权所有

第82-83页：图片来自©Valentin Chemineau

第94页：图片来自©Guido Mocafico©伯爵档案馆 - 版权所有

第95页：图片来自©Sébastien Coindre©伯爵档案馆 - 版权所有

第100、103页：图片来自©Elias Amari

正文页107、108、111、115、116-117、118、127、128-129、130、131：图片来自©Sébastien Coindre

正文页120-121、123、124-125、132、134-135：图片来自©Étienne Delacrétaz

第151页：图片来自©Jean-Claude Deutsch / PARISMATCH / SCOOP

第168-169页：图片来自©伯爵 - 版权所有

第194-195页：马克斯·舍勒（Max Scheler）图片©德国汉堡的Max Scheler Estate

第208-209页：图片来自伊文·潘（Irving Penn）©康泰纳仕（Condé Nast Publications）

第212页：图片来自詹尼·佩纳缇（Gianni Penati）/《Vogue》杂志©康泰纳仕出版社（Edizioni Condé Nast）

第230-231页：Willy Rizzo拍摄的伯爵广告 – 巴黎©伯爵档案馆 - 版权所有

广告插页：图纸、文件©伯爵档案馆 - 版权所有

第241页：达利肖像©萨尔瓦多·达利（Salvador Dalí）形象权版权所有。达利基金会，菲格雷斯（Figueres），2014年。©伯爵档案馆 - 版权所有

第244页 ©Dennis Whitehead / Photoshelter安迪·沃霍尔肖像©安迪·沃霍尔视觉艺术基金会（The Andy Warhol Foundation for the Visual Arts, Inc.）/法国图像及造型艺术著作人协会（ADAGP），巴黎，2014年

第249页 阿尔曼（Arman），*Quatuor à vent（风的四重奏）* ©法国图像及造型艺术著作人协会（ADAGP），巴黎，2014年

第250-251页、第252-253页：图片来自©法国图像及造型艺术著作人协会（ADAGP），巴黎，2014年。©伯爵档案馆 - 版权所有

第254页 文件来自©汉斯·埃尔尼（Hans Erni）©伯爵档案馆 - 版权所有

第256页 图片来自©菲利普·杜卡普（Philip Ducap）

第257页 ©皮尔和吉尔（Pierre et Gilles），*“Rêve”（梦）*，渡边杏（Anne Watanabe），2007年

第265页 图片和文件来自©伯爵档案馆 - 版权所有；图片来自©格施塔德宫殿酒店（Gstaad Palace）

第272-273页：图片来自©伯爵档案馆 - 版权所有。/安迪·沃霍尔肖像©安迪·沃霍尔视觉艺术基金会（The Andy Warhol Foundation for the Visual Arts, Inc.）/法国图像及造型艺术著作人协会（ADAGP），巴黎，2014年

第274页（细节）：图片来自©伯爵档案馆 - 版权所有。/阿尔曼（Arman）的肖像©法国图像及造型艺术著作人协会（ADAGP），巴黎，2014年 / César的肖像©法国图像及造型艺术著作人协会（ADAGP），巴黎，2014年

第287页：图片来自Express / Hulton Archive© Getty Images

第292页：图片来自©杰西卡·克雷格·马丁@wsm

第294-295页：图片来自©陈明圣

鸣谢

Florence Müller在此感谢伯爵为本书做出的贡献，尤其是伯爵全球行政总裁麦振杰（Philippe Léopold-Metzger）先生提供的宝贵帮助，厘清了伯爵品牌至关重要的历史关系。此外，还要特别感谢伊夫·伯爵（Yves Piaget）、Jean-Claude Gueit、Michel Grantcola、Gérard Lerouxel、Jean-Bernard Forot和Franck Touzeau。他们的述说与专业知识极大地丰富了本书内容。笔者还要感谢知名钟表专家Aurel Bacs，正是他指出了伯爵在制表史上的独特地位与风格。

Florence Müller还要向马蒂尼耶出版社（La Martinière）编辑团队致谢，尤其是Brigitte Govignon、Virginie Mahieux、Corinne Schmidt和Marie Fournier。感谢Claudio Dell'Olio创意十足的指导。

衷心感谢摄影师Steve Hiett和Philippe Garcia，他们从艺术家的角度呈现了伯爵品牌的形象，为本书提供了至关重要的配图。

没有伯爵历史遗产团队的帮助，本书不可能完成。该团队成员包括：Alain Borgeaud、Christophe Girardet、Fanny Mayor、Lara Milosevic和Béatrice Vuille-Willemetz。他们刻苦研究，收集文献，为本书叙写的伯爵历史做出了不可估量的贡献。他们的辛勤工作一路陪伴着出版团队前行。

伯爵在此感谢本书作者，时尚史学家Florence Müller，她追溯品牌风格的历史根源，叙写了伯爵的专业技术与人文精神。伊夫·伯爵、Aurel Bacs的宝贵证言以及Steve Hiett和Philippe Garcia摄影团队的精美图片令本书的叙述更为鲜活生动。将以上成果融会贯通的是马蒂尼耶出版社（La Martinière）编辑团队：Virginie Mahieux、Brigitte Govignon、Corinne Schmidt和Marie Fournier；创意总监Claudio Dell'Olio及其助理Laura Decaminada。伯爵向每位参与本书的人致以谢意。

本书得以完成要归功于自1874年伯爵品牌创立至今为其做出贡献的人们——包括伯爵家族成员、业务伙伴、合伙人以及朋友，他们来自瑞士和世界各国，是伯爵获得成功的核心力量。伯爵在此向他们致敬，并表达谢意。衷心感谢瓦伦汀·伯爵（Valentin Piaget）为本书提供了宝贵内容，也感谢以下各位：Elias Amari、Ruthy Barbezat、Mary-Claude Barbezat、Jean-Claude Barbezat、Jean-Yves Basin、Alain Borgeaud、Yves Bornand 、Pierrette Brügger、Kaspar Burger、Peggy Choi、Helen Chou、Sébastien Coindre、Sandrine Costa、Étienne Delacrétaz、Roger Dick、Denis Flückiger、Jean-Bernard Forot、Sylvain Germann、Christophe Girardet、Michel Grantcola、Christophe Grenier、Jean-Claude Gueit、Roger Guye、Alessandra Hemmeler、Yuning Hsu、Emil Keller、Gilbert Kervan、Gérard Lerouxel、Max Leuba、Fanny Mayor、Lara Milosevic、Éric Nusslé、Sergio Patti、Jean-Pierre Pezzatti、Florence Piaget、Denis Piaget、Gabriel Piaget、Jacques-André Piaget、Tony Ryser、Daniel Schelling、Franck Touzeau和Béatrice Vuille-Willemetz。伯爵要感谢Steve Hiett和Guillaume Blanchard、François Bouchara、Marcel Boudan、Lucie Cluzeau、Cristina Conrad、Fernando Damasceno、Carole Dardanne、Amala Garret、Gérard Issert、Sylvain Kauffmann、Irina Marie、Baptiste Mayeux、Anna Maria Negri、Alessandro Rebecchi、Oliver Ress、Marcelina Sowa、Karolina Agnieszka Waz和Duan-Duan Wu。伯爵还要感谢Philippe Garcia和Brigitte Carasco、Valentin Chemineau、Europe Julienne、Guillaume Riottot、Constantin Schlachter、Odile Sibuet。

伯爵也要向参与此项目的众多私立与公立机构表示感谢，它们是：阿尔弗雷德登喜路（Alfred Dunhill）、Artsphère、巴兹尔·苏打（Basil Soda）、洛桑美岸皇宫大酒店（Beau-Rivage Palace）、日内瓦考古与艺术图书馆（Bibliothèque d'art et d'archéologie de Genève）、洛桑大学州立图书馆（Bibliothèque cantonale et universitaire de Lausanne）、拉绍德封市立图书馆（Bibliothèque de la ville de La Chaux-de-Fonds）、福尼艺术图书馆（Bibliothèque Forney）、蔻依（Chloé）、仙子坡市（Commune of La Côte-aux-Fées）、Datawords Multilingual Digital Company、力洛克（Le Locle）的纳沙泰尔山（Montagnes neuchâteloises）婚姻登记、格施塔德宫殿酒店（Gstaad Palace）、Le Laboratoire、马克·安托万·巴鲁瓦（Marc-Antoine Barrois）、莫蒂埃（Môtiers）瓦勒德特拉费镇（Val-de-Travers）地区博物馆、纳沙泰尔共和州（République et canton de Neuchâtel）工商登记处、历峰集团（Richemont International SA）法律和知识产权部、匹兹堡（Pittsburgh）安迪·沃霍尔博物馆（The Andy Warhol Museum）。

伯爵还要感谢乌苏拉·安德丝（Ursula Andress）、Corice Arman、马里莎·贝伦森（Marisa Berenson）、莱斯利·卡伦（Leslie Caron）、佩屈拉·克拉克（Petula Clark）、阿兰·德龙（Alain Delon）、柯妮丽娅·盖斯特（Cornelia Guest）、巩俐、米雷耶·马蒂厄（Mireille Mathieu）、丽莎·明尼里（Liza Minnelli）、皮尔和吉尔（Pierre et Gilles）、波姬·小丝（Brooke Shields）、Régine、罗杰·佛吉（Roger Vergé）和伊丽莎白·泰勒基金会（Elizabeth Taylor Foundation）。

图书在版编目（CIP）数据

伯爵，钟表和珠宝王朝 / [法] 弗洛伦斯·穆勒编著；[法] 达特沃思公司译 .
—上海：上海科学技术文献出版社，2015.10
ISBN 978-7-5439-6776-2

Ⅰ . ① 伯…　Ⅱ . ①弗…②拉…　Ⅲ . ①手表—商业品牌—研究—法国
②首饰—商业品牌—研究—法国　Ⅳ . ① F456.568

中国版本图书馆 CIP 数据核字（2015）第 182356 号

图字：09-2015-563

Edited by Brigitte Govignon
Written by [French] Florence Müller with Brigitte Govignon and with the support of Piaget
Photographs
Steve Hiett assisted by François Bouchara and Marcel Boudan Retouching Granon Digital, Paris
Watch and jewelry photographs
Philippe Garcia assisted by Constantin Schachter and Valentin Chemineau Retouching Brigitte Carasco
Graphic design and artwork
Claudio Del'Ollio and Laura Decaminada

策　　划　梅雪林　陆琬羽
责任编辑　祝静怡　王茗斐

伯爵，钟表和珠宝王朝

[法] 弗洛伦斯・穆勒　编著
[法] 达特沃思公司　译

出版发行：上海科学技术文献出版社
地　　址：上海市长乐路 746 号
邮政编码：200040
经　　销：全国新华书店
印　　刷：北京图文天地制版印刷有限公司
开　　本：787 × 1092　1/8
印　　张：41
插　　页：2
版　　次：2015 年 12 月第 1 版　2015 年 12 月第 1 次印刷
书　　号：ISBN 978-7-5439-6776-2
定　　价：680.00 元
http://www.sstlp.com